D0421987

MIGUEL DE CERVANTES

DON QUIJOTE
DE LA MANCHA
Bibliografía fundamental

III

Preparada por
LUIS ANDRÉS MURILLO

clásicos castalia

EL INGENIOSO HIDALGO DON QUIJOTE DE LA MANCHA

(Bibliografía Fundamental)

III

clásicos castalia

COLECCIÓN FUNDADA POR
DON ANTONIO RODRÍGUEZ-MOÑINO

DIRECTOR
DON FERNANDO LÁZARO CARRETER

Colaboradores de los volúmenes publicados:

Andrés Amorós. Farris Anderson. René Andioc. Joaquín Arce. Eugenio Asensio. Juan B. Avalle-Arce. Francisco Ayala. Hannah E. Bergman. Bernardo Blanco González. Alberto Blecua. José Manuel Blecua. María Josefa Canellada. José Luis Cano. Soledad Carrasco. José Caso González. Elena Catena. Biruté Ciplijauskaité. Evaristo Correa Calderón. Bruno Damiani. Cyrus C. de Coster. Albert Dérozier. José M. Díez Borque. Ricardo Doménech. John C. Dowling. Manuel Durán. José Durand. Rafael Ferreres. E. Inman Fox. Vicente Gaos. Salvador García. Luciano García Lorenzo. Yves-René Fonquerne. Joaquín González-Muela. Ernesto Jareño. R. O. Jones. A. David Kossoff. Teresa Labarta de Chaves. Carolyn R. Lee. Juan M. Lope Blanch. Francisco López Estrada. Luisa López-Grigera. Leopoldo de Luis. Felipe C. R. Maldonado. Robert Marrast. D. W. McPheeters. Guy Mercadier. Ian Michael. Miguel Mihura. José F. Montesinos. Edwin S. Morby. Luis Andrés Murillo. Joseph Pérez. John H. R. Polt. Antonio Prieto. Jean-Pierre Ressot. Francisco Rico. Dionisio Ridruejo. Elias L. Rivers. Leonardo Romero. Juan Manuel Rozas. Fernando G. Salinero. Margarita Smerdou Altolaguirre. Jean Testas. José Carlos de Torres. José María Valverde. Stanko B. Vranich. Frida Weber de Kurlat. Keith Whinnom.

MIGUEL DE CERVANTES SAAVEDRA

DON QUIJOTE
DE LA MANCHA
(Bibliografía Fundamental)
III

Preparada
por
LUIS ANDRÉS MURILLO

WITHDRAWN

HARVARD LIBRARY

WITHDRAWN

clásicos ⬭ *castalia*

Madrid

Copyright © Editorial Castalia, 1978

Zurbano, 39 - Tel. 4 19 58 57 - Madrid (10)

—

Impreso en España. Printed in Spain
por Artes Gráficas Soler, S. A. Valencia
Cubierta de Victor Sanz
I.S.B.N. 84-7039-284-0 (obra completa)
I.S.B.N. 84-7039-287-5 (tomo III)
Depósito Legal: V. 1.324 - 1978 (III)

WID-LC
PQ
6323
.A1
1978
vol.3

LIBRARY
DEC 7 1978

SUMARIO

ACLARACION

E STA bibliografía está concebida y organizada para acompañar, como obra de referencia, la anotación a las dos partes del texto de Cervantes.[1] Si puede atribuírsele alguna novedad, es que se propone dilucidar, de una manera sistemática, los aportes crítico-bibliográficos al estudio y aprecio del *Quijote* producidos y publicados en lo que va del siglo xx. El lector español dispone hoy día de varias bibliografías cervantinas que puntualizan la acumulación de datos biográficos y de libros, monografías, folletos, consagrados a iluminar tanto el fondo autobiográfico como cualquier otro aspecto del libro (*V.* **020-031**). A mi parecer, lo que hace falta es una bibliografía selectiva pero completa, con su clasificación de temas y materiales. A esta necesidad he querido responder, dentro de los límites que la presente edición me permite.

Según expone la Presentación, las 500 fichas van ordenadas en cinco secciones. Mi clasificación de temas y su distribución aspira a corresponder tanto a la disposición de lo citado como al contenido del libro de Cervantes. Se publica esta bibliografía *fundamental* en calidad de ensayo o prueba. Mi plan de clasificación y enumeración de las fichas implica, en efecto, la posibilidad de ampliar y alterarlas, agregándoles lo que vaya apareciendo sobre cualquier asunto o tema, sin estorbar la simetría total y la utilidad del procedimiento. En la organización de las fichas se procede

[1] Miguel de Cervantes: *El ingenioso hidalgo Don Quijote de la Mancha.* Edición de Luis Andrés Murillo. Clásicos Castalia, núms. 77-78.

de los estudios más generales o amplios a los de asunto particular o especializado. Quedó fuera de mi propósito clasificar el contenido de los estudios comprensivos según los temas, episodios o capítulos de la última sección (**400-500**). Por tanto, esta bibliografía será de mayor utilidad en cuanto, como norma, se consulten primero, sobre cualquier tema, capítulo o cuestión, los estudios generales y luego los especializados.

A nadie debería sorprender el carácter cosmopolita de los autores citados. Una bibliografía sobre el *Quijote*, clasificada según autores y temas, forzosamente tenía que reflejar la universalidad de su atracción para distintos autores y pueblos y trazar su interpretación e influencia a través de los siglos en la literatura mundial.

Mi selección ha sido hecha de modo que permita al lector distinguir entre la interpretación crítica y literaria del *Quijote* y la ideológica, filosófica o biográfica, ya que el aprecio crítico del gran libro depende de una noción acertada del desarrollo histórico de las interpretaciones de los propósitos de Cervantes y de sus personajes. De ningún modo debe inferirse que las fichas sobre cualquier asunto sean exhaustivas. Entiéndase que me he propuesto ofrecer una bibliografía seleccionada, y que queda fuera del carácter de la edición anotar las quinientas fichas, por más que hubiese sido deseable. Mi proceder permite al lector curioso completar, añadiendo de sus propios conocimientos y juicio, cualquier tema o aspecto de ella que le interese, o, incluso, modificar las contrarreferencias.

Las fichas se han redactado con vistas a su mayor utilidad para el consultante.

Libros: se dan en breve los detalles imprescindibles para su completa y fácil identificación. He preferido emplear la numeración decimal (o arábiga) para indicar el tomo de obras publicadas en colección o en serie, evitando en lo posible la numeración romana. Uso, sin excepción, la decimal para indicar el tomo o volumen de revistas.

Artículos: en el caso de los aparecidos en revistas de publicación serial, indico el título de la revista (o abreviación de ella), la época o serie, si constan, el tomo, e inmediatamente después, indicadas por dos puntos, las páginas, y luego entre paréntesis, y cerrando la cita, el año calendario correspondiente al tomo (o volumen). Por ejemplo:

Asomante, 18: 7-26 (1962). Es decir que el artículo se encuentra en las páginas 7 a 26 del tomo 18 correspondiente al año 1962 de la revista *Asomante*.

RdO, a. 13, 48: 69-105, 163-189 (1935). Es decir que el artículo se encuentra en las páginas 69 a 105 y 163 a 189 del tomo 48 en el año de publicación 13, que corresponde al año calendario 1935, de la *Revista de Occidente* (Primera época).

En el caso de revistas cuya paginación no es consecutiva dentro de la serie anual o tomo, ha sido necesario indicar además el número dentro de dicha serie. En todo caso, sea para libros o revistas, las cifras que siguen los dos puntos indican las páginas.

En las notas al texto me refiero a las fichas de la Bibliografía con las cifras **000-500** en negrilla. Las páginas van indicadas bien con la abreviación p. o, en citas en que se indica el tomo, con dos puntos. Por ejemplo: *V.* **021.1**: 6. Es decir que me refiero a la página 6 del tomo 1.º de la bibliografía de Givanel Mas.

Un asterisco * indica que las fichas en la sección que sigue van por orden cronológico. Dos asteriscos ** indican que van las fichas por orden cronológico invertido, es decir que encabeza la sección la ficha más reciente y la cierra la más temprana, por fecha de publicación.

LUIS ANDRÉS MURILLO

Londres - Madrid - Cambridge, Massachusetts.
Agosto de 1975.

CLASIFICACION GENERAL

PRESENTACION

DIFUSION, RELACIONES LITERARIAS, INTERPRETACIONES.
Libros y artículos publicados 1900-1975

TEMAS Y EPISODIOS

EPISODIOS, PRIMERA PARTE

EPISODIOS, SEGUNDA PARTE

SIGLAS Y ABREVIATURAS EMPLEADAS

AC   *Anales Cervantinos*. Madrid.

AMC   *El Ateneo de Madrid en el III centenario de la publicación de «El Ingenioso Hidalgo»...* Conferencias... Madrid: Imp. de Bernardo Rodríguez, 1905.

BCC   *Bibliografía crítica de... Cervantes...*, Leopoldo Rius, **020.**

BBMP   *Boletín de la Biblioteca Menéndez Pelayo.* Santander.

B[S]HS *Bulletin of [Spanish] Hispanic Studies.* Liverpool.

BICC   *Boletín del Instituto Caro y Cuervo.* Bogotá.

BRAE   *Boletín de la Real Academia Española.* Madrid.

BulHisp *Bulletin Hispanique.* París.

BzRPh   *Beiträge zur Romanischen Philologie.* Berlín.

CAC   *Cervantes across the centuries... a quadricentennial volume,* ed. Angel Flores [and] M. J. Benardete, New York: Dryden Press, 1947. —Reprint, with corrections, New York: Gordian Press, 1969.

CEN   *Cervantes, a collection of critical essays,* ed. Lowry Nelson, Jr., Englewood Cliffs, N. J.: Prentice-Hall, 1969.

CL   *Comparative Literature.* Eugene, Oregon.

CLM   *Cervantes y la literatura mundial* (en ruso), ed. N. Balachov, A. Mikhailov, I. Terte-

15

rian, Moscú: Academia de las Ciencias de la URSS, Editorial «Nauka», 1969.

CSC   *Collected studies in honour of Américo Castro's eightieth year*, Oxford, 1965.

CSIC   *Consejo Superior de Investigaciones Científicas*. Madrid.

CuadA   *Cuadernos Americanos*. México.

CuadHA   *Cuadernos Hispanoamericanos*. Madrid.

CuadL   *Cuadernos de Literatura*. Madrid.

DQFK   *Don Quijote, Forschung und Kritik*. hg. Helmut Hatzfeld, Darmstadt: Wissenschaftliche Buchgesellschaft, 1968.

EAC   *Estudios sobre la obra de Américo Castro*, Madrid: Taurus, 1971.

EC   *Estudios Cervantinos*, Francisco Rodríguez Marín, Madrid: PCCC, Ediciones Atlas, 1947.

EDMP   *Estudios dedicados a Menéndez Pidal*, Madrid: CSIC, 1950-1962.

EHH   *Estudios literarios de hispanistas norteamericanos dedicados a Helmut Hatzfeld con motivo de su 80 aniversario*. Barcelona: Ediciones Hispam, 1974.

G-BRH   Editorial Gredos, Biblioteca Románica Hispánica. Madrid.

HCInsula   *Homenaje a Cervantes-Insula*. Madrid, 1947.

HCM   *Homenaje a Cervantes*, ed. Francisco Sánchez-Castañer, Valencia: Editorial Mediterráneo, 1950, 2v.

HMP   *Homenaje ofrecido a Menéndez Pidal*, Madrid: Hernando, 1925. 3v.

HR   *Hispanic Review*. Philadelphia.

HRM   *Homenaje a Rodríguez-Moñino*, Madrid: Castalia, 1966. 2v.

JP   *Jahrbuch für Philologie*. München.

KFLQ, KRQ   *Kentucky [Foreign Language] Romance Quarterly*.

MLJ   *Modern Language Journal*. Menasha, Wisconsin.

MLN	*Modern Language Notes*. Baltimore.
MLQ	*Modern Language Quarterly*. Seattle.
MLR	*Modern Language Review*. Cambridge-London.
Motif-Index	Stith Thompson, *Motif-index of folk-literature*, rvs'd ed., Indiana Univ. Press, 1955. 6v.
MPh	*Modern Philology*. Chicago.
NRFH	*Nueva Revista de Filología Hispánica*. México.
PCCC	Patronato del IV Centenario de Cervantes.
PMLA	*Publications of the Modern Language Association of America*. New York.
PQ	*Philological Quarterly*. Iowa City.
PSA	*Papeles de Son Armadans*. Mallorca.
RByD	*Revista Bibliográfica y Documental*. Madrid.
RdIE	*Revista de Ideas Estéticas*. Madrid.
RdL	*Revista de Literatura*. Madrid.
RdO	*Revista de Occidente*. Madrid.
RF	*Romanische Forschungen*. Köln.
RFE	*Revista de Filología Española*. Madrid.
RFH	*Revista de Filología Hispánica*. Buenos Aires-New York.
RHisp	*Revue Hispanique*. París-New York.
RHM	*Revista Hispánica Moderna*. New York.
RJ	*Romanistisches Jahrbuch*. Hamburg.
RLC	*Revue de Littérature Comparée*. París.
RR	*Romanic Review*. Lancaster, Pa., New York.
RUBA	*Revista de la Universidad de Buenos Aires*. Buenos Aires.
RyF	*Razón y Fe*. Madrid.
SC	*Suma cervantina*, editada por J. B. Avalle-Arce y E. C. Riley, London: Támesis, 1973.
TiRABM	Tipografía de la «Revista de Archivos, Bibliotecas y Museos».
VEHC	*Vida ejemplar y heroica de Miguel de Cervantes Saavedra*. Luis Astrana Marín, **039.**
ZfRPh	*Zeitschrift für Romanische Philologie*. Halle.

a.	año
bk.	book
Bibl.	Biblioteca, Bibliothèque
c.	capítulo, -os, chapter, -s
Ed.	Editorial
ed.	edición, edición de, editado por, ed. a cargo de
ép.	época
hg.	*herausgegeben von* (editado por, etc.)
Imp.	Imprenta
introd.	introducción, introduction
Libr.	Librería, Librairie
n.	número, -os
p.	página, -as
Tip.	Tipografía
trad.	traductor, traducción de
v., t.	volumen, -es, tomo, -os
V.	Véase

PRESENTACION

000 MANUSCRITOS: perdidos; no se tiene la menor no-
ticia de que se hayan conservado los autógrafos de Cervantes, o cualquiera de mano ajena. Faltando la única
base auténtica para fijar el texto original, la erudición
más exigente de nuestros días transcribe minuciosa-
mente el texto de las primeras impresiones, de la
Primera Parte en 1604, de la Segunda en 1615. Por
la fecha del Privilegio real sabemos que Cervantes
había entregado «el original», su manuscrito de la
Primera Parte, al Consejo real para fines del verano
de 1604. Es erróneo, pues, suponer la existencia de
una edición anterior a la fecha del Privilegio, 26 de
septiembre. También ha de descartarse la suposición
de que Cervantes hubiese corregido y revisado el
texto de la edición de Madrid de 1608, la tercera
impresa por Juan de la Cuesta.

EDICIONES

EDITIO PRINCEPS

001 *El ingenioso hidalgo Don Qvixote de la Mancha. Compuesto por Miguel de Ceruantes Saauedra.* Dirigido
al Dvqve de Beiar... Año 1605. Con privilegio. En
Madrid, por Iuan de la Cuesta.

002 *Segvnda parte del ingenioso cavallero Don Qvixote de
la Mancha. Por Miguel de Ceruantes Saauedra, autor
de su primera parte.* Dirigida a don Pedro Fernandez
de Castro, Conde de Lemos... Año 1615. Con privilegio. En Madrid, por Iuan de la Cuesta.

003 REPRODUCCIONES FACSÍMIL DE LAS PRIMERAS EDICIONES.

.1 *La primera edición del Ingenioso hidalgo... Primera Parte, reproducida en facsímile, por la foto-tipografía. Facsímile de la primera edición de Don Quijote, Segunda Parte...* Barcelona: Francisco López y Fabra, 1871. 2v.

.2 [Edición facsímil de la] *Segunda Parte...* Barcelona: Montaner y Simón, 1897. 2v. [El primero reproduce la edición de Cuesta de 1608.] —1928.

.3 *Edición facsímile de la impresa en Madrid en el año 1605, 1615,* por Juan de la Cuesta. Colección «Enciclopedia Literaria». Barcelona: Toledano López, 1905, 2v.

.4 Facsimile reprint of the first edition of Cuesta, 1605, 1615, by The Hispanic Society of America. New York, 1905. 2v. 3 impressions (*tiradas*).

.5 Facsímile de las primitivas impresiones: *Obras completas de Miguel de Cervantes Saavedra.* Edición de la Real Academia Española. Madrid: TiRABM, 1917. Primera Parte: v. 2; Segunda Parte: v. 3.

.6 Edición facsímil de la Biblioteca Nueva [Madrid], 1934. 2v. [El 2.º incluye la nota bibliográfica de Miguel Artigas.]

.7 Facsímil de... según la edición príncipe de Juan de la Cuesta, Madrid, 1605 (seguida de los dos pasajes que omite), 1615. Palma de Mallorca: Alfaguara, Hispanic Society of America, *Papeles de Son Armadans,* 1968. 2v. Reimpresión del *.4.*

003a Para la descripción bibliográfica completa de ejemplares de las ediciones príncipes (y de las demás del siglo XVII) consúltense las bibliografías de Givanel Mas, **021,** Rius, **020; 022, 024,** y, tal vez la más autorizada, de Homero Serís, **020a.** El estudio más completo sobre detalles tipográficos de las ediciones de la Primera Parte (1604-05) de Juan de la Cuesta es el libro que acaba de publicar R. M. Flores: *The compositors of the first and second Madrid editions of «Don Quijote», Part I,* London: The Modern Humanities

Research Association, 1975. 148p. La argumentación
y las conclusiones del autor (además de liquidar toda
idea de una supuesta edición anterior a **001**) propo-
nen (1) que las variantes y discrepancias ortográficas
de la *editio princeps* de 1604-05 se deben en su mayor
parte a los cambios que sobre el manuscrito de Cervantes introdujeron los cajistas empleados por Juan
de la Cuesta, y (2) quitan toda autoridad al texto de
la segunda de 1605 (o de la tercera, 1608) para la co-
rrección de la primera.

004 EDICIONES DE LA PRIMERA PARTE ANTERIORES A LA PU-
BLICACIÓN DE LA SEGUNDA PARTE:

.1 En Lisboa, por Jorge Rodríguez, 1605. Licencia: 26
    Febrero 1605.

.2 En Lisboa, por Pedro Crasbeeck, 1605. Licencia: 27
    Marzo 1605.

.3 Segunda de Juan de la Cuesta, Madrid, 1605. Con
    privilegio de Castilla, Aragón y Portugal (9 Febre-
    ro 1605). Reproducción facsímil: The Hispanic Society
    of America, Nueva York, 1905. 3 impressions *(ti-
    radas)*.

.4-.5 En Valencia, Pedro Patricio Mey, 1605. (Privilegio:
    9 Febrero 1605.) Aprobación: 18 Julio 1605.

.6 En Bruselas, Roger Velpius, 1607.

.7 Tercera edición de Juan de la Cuesta, Madrid, 1608.
    Con privilegio de Castilla, Aragón y Portugal. Re-
    producción facsímil: Barcelona: Montaner y Simón,
    1897. —1928.

.8 En Milán, por el Heredero de Pedromartir Locarni
    y Juan Bautista Bidello, 1610.

.9 En Bruselas, por Roger Velpius y Huberto Antonio,
    1611.

005 PRIMITIVAS EDICIONES 1616-1637.

.1 *Primera Parte del ingenioso hidalgo...* En Bruselas.
    Por Huberto Antonio... Año 1617.

.2 *Segvnda Parte del ingenioso cavallero...* En Bruselas.
    Por Huberto Antonio. 1616.

.3 *Segvnda Parte...* En Valencia, en casa de Pedro Patricio Mey. 1616.

.4 *Segvnda Parte...* Año 1617. En Lisboa, por Jorge Rodríguez.

O b r a c o m p l e t a :

.5 *El ingenioso hidalgo don Qvixote de la Mancha...* Año 1617. En Barcelona, en casa de Bautista Sorita. *Segvnda Parte del ingenioso cavallero Don Quixote de la Mancha...* Año 1617. En Barcelona, en casa de Sebastián Matevat. [Dos v. en 8.º pequeño.]

.6 *Primera y Segunda Parte del ingenioso hidalgo Don Qvixote de la Mancha...* Año 1637. En Madrid. En la imprenta de Francisco Martínez. *Segvnda Parte del ingenioso cavallero Don Qvixote de la Mancha...* Año 1636. En Madrid, por Francisco Martínez. [Dos v. en 4.º con la numeración seguida.]

006 TABLA DE LA RELACION ENTRE LAS PRINCIPALES EDICIONES

PRIMERA PARTE

1.ª Madrid, Juan de la Cuesta, 1605 (Impresa en 1604).
Privilegio para Castilla sólo, 26 de Septiembre de 1604.

2.ª Madrid, Juan de la Cuesta, 1605 (Impresa en 1605). *Privilegio*, para Aragón y Portugal, 9 de Febrero de 1605.

Lisboa, Jorge Rodríguez, en 4.º Licencia, 26 de Febrero de 1605.

Lisboa, Pedro Crasbeeck, en 8.º Licencia, 27 de Marzo de 1605.

3.ª Madrid, Juan de la Cuesta, 1608.

La obra completa (Primera y Segunda Partes).
Madrid, 1637, 1647, 1655, 1662, 1668, 1674.
Bruselas, 1662, 1671.
Amberes, 1673, 1677, 1719.
Londres (Tonson), 1738;
(Bowle), 1781.
Madrid (La Real Academia Española).

A. { (α) 1780.
     (β) 1782.
     (γ) 1787.

Las ediciones en general del siglo XVIII.

Valencia, Pedro Patricio Mey, 1605. Aprobación, 18 de Julio.

Bruselas, Roger Velpius, 1607, id. reimpresión de 1611 (Roger Velpius y Huberto Antonio) y de 1617 (Huberto Antonio).

Milán, Juan Bautista Bidello, 1610.

Barcelona, Bautista Sorita, 1617.

Madrid (Pellicer), 1797-8.

A.ª Madrid (4.ª edición de la Real Academia Española), 1819.

Madrid (Clemencín), 1833-9.

Madrid (Rivadeneyra), 1846.

1.ª SEGUNDA PARTE, Madrid, Juan de la Cuesta, 1615

Ediciones del Siglo XX

*Fitzmaurice Kelly, Ormsby 1898-9.

von Wurzbach 1911-16.

Schevill, Bonilla 1928-41.

Rodríguez Marín 1905-49.

Cortejón 1905-13.

(Planeta) Riquer 1962.

(Castalia) Murillo 1976.

Las impresiones de Har*t*zenbusch (Argamasilla de Alba, 1863) y de Ramón León Máinez (Cádiz, 1877), aunque nominalmente fundadas en la primera edición, adoptan las lecciones de la tercera madrileña de 1608. Las adoptan, a pesar de que los editores niegan que Cervantes tuviese alguna intervención en ella.

* Para ediciones de los siglos XVII-XIX se reproduce aquí, modificada, la *Tabla* que incluyeron estos editores en la suya.

Texto crítico

007 Rodolfo Schevill y Adolfo Bonilla, *Obras completas de Miguel de Cervantes Saavedra*. Madrid: Imp. de Bernardo Rodríguez; Gráficas Reunidas; 1914-1941. 18v. *El ingenioso hidalgo*... Gráficas Reunidas. 4v., I, 1928; II, 1931; III, 1935; IV, 1941.
Reproducción crítica del texto de las ediciones príncipes, **001** y **002**. Muerto Bonilla en 1926, continuó y terminó la ed. del *Quijote* Schevill.
Precedieron la obra de Schevill y Bonilla dos trabajos de gran valor; se moderniza en ellos la ortografía:
—*El ingenioso hidalgo Don Quixote de la Mancha*. Primera edición del texto restituido con notas y una introducción por Jaime Fitzmaurice-Kelly y Juan Ormsby. Edimburgo-Londres: David Nutt, 1898-99. 2v.
—*Don Quijote*. Texto fijado por Wolfgang von Wurzbach. Bibliotheca Romanica. 2v. Strasburgo: J. H. Ed. Heitz[1911-16].

Texto anotado o comentado Siglos xviii y xix

008 *Historia del famoso cavallero Don Quixote de la Mancha*... Con anotaciones, índices y varias lecciones: por el Reverendo D. Juan Bowle. Londres: en las librerías...; Salisbury: Imp. de Edvardo Easton, 1781. 6 v. en 3. *V.* **305.9.**

009 *El ingenioso hidalgo Don Quixote de la Mancha*... Nueva edición, corregida de nuevo, con nuevas notas, con nuevas estampas, con nuevo análisis, y con la vida de el autor nuevamente aumentada, por Juan Antonio Pellicer... Madrid: Gabriel de Sancha. 5v., 1-3, 1797; 4-5, 1798.

010 *El ingenioso hidalgo Don Quixote de la Mancha*... comentado por Diego Clemencín. Madrid: D. E. Aguado, 1833-1839. 6v. Re-editado varias veces; véase **026**; reproduce el comentario la edición de Luis Astrana Marín, Madrid: Ediciones Castilla, 1966.

011 Ediciones de Juan Eugenio Hartzenbusch. *El ingenioso hidalgo Don Quijote de la Mancha...* Edición corregida con especial estudio de la primera, por... Argamasilla de Alba: Imp. de don Manuel Rivadeneyra (casa que fue prisión de Cervantes), 1863. 4v.
Obras completas de Cervantes [12v.], *El ingenioso hidalgo Don Quijote de la Mancha,* v. 3-6. Texto corregido con especial estudio de la primera edición, por..., [Madrid y] Argamasilla de Alba: Imp. de don Manuel Rivadeneyra (casa que fue prisión de Cervantes), 1863.
Las 1633 notas puestas por... a la primera edición de *El ingenioso hidalgo* reproducida por D. Francisco López Fabra con la foto-tipografía. Barcelona: Narciso Ramírez, 1874. viii, 202p.

SIGLO XX

012 *El ingenioso hidalgo Don Quijote de la Mancha...* Primera edición crítica con variantes, notas y el diccionario de todas las palabras usadas en la inmortal novela, por D. Clemente Cortejón. Continuada [v. 6] por Juan Givanel y Mas y Juan Suñé Benages. Madrid: Victoriano Suárez, 1905-1913. 6v. No llegó a publicarse el diccionario.

013 Ediciones de Francisco Rodríguez Marín; la definitiva es la cuarta, publicación póstuma:

.1- —*El ingenioso hidalgo Don Quijote de la Mancha...*
.10 Nueva edición crítica, con el comento refundido y mejorado y más de mil notas nuevas. Dispuesta por... Con viñetas de Gustavo Doré. Madrid: PCCC, Ediciones Atlas, 1947-1949. 10v.
—Nueva edición crítica con el comento refundido y mejorado y más de setecientas notas nuevas, dispuesta por..., Madrid: TiRABM, 1927-1928. 7v.
—Madrid: TiRABM, 1916-1917. 6v.
—Madrid: Ediciones de «La Lectura», 1911-1913. 8v. Colección Clásicos Castellanos.

014 Ediciones de Martín de Riquer. *Don Quijote de la Mancha*... Texto y notas de... Segunda edición, con anotación ampliada y un índice onomástico y de situaciones. Barcelona: Editorial Juventud, 1950. 1143p. London: George G. Harrap and Co. Ltd. —1.ª ed., 1944.

015 *—Miguel de Cervantes: obras completas, Don Quijote de la Mancha, seguido del «Quijote» de Avellaneda.* Edición, introducción y notas de... Barcelona: Editorial Planeta, 1962, 1967. ci, 1509p. Colección Clásicos Planeta.

016 *El ingenioso hidalgo Don Quijote de la Mancha.* Introducción, notas e índices por Rufo Mendizábal. Tercera edición. Madrid: Ediciones Fax, 1966. 1206p.

017 *El ingenioso hidalgo Don Quijote de la Mancha.* Edición y notas de Celina S. de Cortazar e Isaías Lerner. Prólogo de Marcos A. Morínigo. Ilustraciones de Roberto Páez. Buenos Aires: Editorial Universitaria de Buenos Aires, 1969. 2v.

018 *El ingenioso hidalgo Don Quijote de la Mancha...* Anotaciones aclaratorias al texto de Joaquín Bastús y Antonio Maldonado Ruiz; con una introducción a la lectura del *Quijote* por Martín de Riquer. 2.ª edición. Barcelona: Editorial Labor, 1967. 2v. El texto del 1.º es versión moderna de la tercera edición de Cuesta, Madrid, 1608.

019 TABLA DE TRADUCCIONES PRINCIPALES AL...

INGLÉS	FRANCÉS	ALEMÁN	ITALIANO	RUSO
Thomas Shelton, 1612, 1620	Cesar Oudin - I, 1614 F. de Rosset - II, 1618 Filleau de Saint-Martin, 1677-8	Pahsh Bastel von der Sohle (¿Sahle?) (seudónimo), 1648. Véase el n. **326**.	Lorenzo Franciosini, 1622, 1625	
Peter Anthony Motteux, 1700-3 —rvda. J. Ozell, 1719 Charles Jarvis, 1742 Tobias Smollett, 1755	Florian, 1799	Friedr. Justin Bertuch, 1775-77 Ludwig Tieck, 1799-1801		Nikolai Osipov, 1769
	H. Bouchon Dubournial, 1807-8	D. W. Soltau, 1800-1 —rvda. 1825 Hieronymus Müller, 1825		V. Zhukovskii, 1804-6 C. de Chaplet, 1831 Massal'skii, 1838 V. Karelin, 1866
Alexander James Duffield, 1881 John Ormsby, 1885 Henry Edward Watts, 1888	Delaunay, 1821 Louis Viardot, 1836-7 F. de Brotonne, 1837 Damas Hinard, 1847 Charles Furne, 1858 Lucien Biart, 1878	Adalbert Keller, 1839-41 Edmund Zoller, 1867 von Wolzogen [1837], 1884 Ludwig Braunfels, 1884	Bartolomeo Gamba, 1818	
Robinson Smith, 1910 —3.ª ed., 1932 Samuel Putnam, 1949 J. M. Cohen, 1950 Walter Starkie, 1964	Xavier de Cardaillac, Jean Labarthe - I, 1923 Xavier de Cardaillac - II, 1929 Jean Babelon, 1929 Francis de Miomandre, 1935	Anton M. Rothbauer, 1964	Alfredo Giannini, 1923-7 Ferdinando Carlesi, 1933 Gherardo Marone, 1954 Vittorio Bodoni, 1965	M. V. Vatson, 1907 «Academia»: Krzhevskii y A. A. Smirnov, 1929-32 N. Liubimov, 1951 N. Avalishvili, 1959

BIBLIOGRAFIAS

020 Rius [y de Llosellas], Leopoldo, *Bibliografía crítica de las obras de Miguel de Cervantes Saavedra*. Madrid: Libr. M. Murillo [v. 3, Villanueva y Geltrú: J. Oliva y Milá], 1895-1904 [1905]. 3v. —Reprint: New York: Burt Franklin, 1970. —Supplément français... par J. Brimeur. New York, París [extrait], 1906. 33p. —*RHisp*, 15: 819-842 (1906).

020a Serís, Homero, *La colección cervantina de la Sociedad Hispánica de América*, ediciones de *Don Quijote*, University of Illinois studies in language and literature, v. 6, n. 1, 1920. 158p.

021 Givanel Mas, Juan, y [v. 4 & 5] Plaza Escudero, Luis M[aría], *Catálogo de la colección cervantina* [de la Biblioteca Central, Barcelona], Diputación Provincial de Barcelona. 5v.
.1 1590-1785. 1941.
.2 1786-1854. 1943.
.3 1855-1890. 1947.
.4 1891-1915. 1959.
.5 1916-1930. 1964.
Givanel Mas publicó en catalán la primera edición de este catálogo—de la colección de Isidro Bonsoms i Sicart—Barcelona, 1916-1925. 3v.

022 Suñé Benages, Juan, [y] Fonbuena, Juan Suñé, *Bibliografía crítica de ediciones del Quijote, impresas desde 1605 hasta 1917*, recopiladas y descritas por... Barcelona: Ed. Perelló, 1917. xxxi, 485p.
—Continuada hasta 1937 por el primero de los citados autores y ahora redactada por J. D. M. Ford y C. T. Keller. Harvard Univ. Press, 1939, xvii, 73p.

023 Río y Rico, Gabriel-Martín del, *Catálogo bibliográfico de la sección de Cervantes de la Biblioteca Nacional*. Madrid: TiRABM, 1930. xviii, 915p.
—[suplemento] Ponce de León, Eduardo, *Bibliografía complementaria de Cervantes*. Madrid: Instituto Nacional del Libro Español, 1947. 32p.

024 Plaza Escudero, Luis María, *Catálogo de la colección* *cervantina Sedó* [comprada por el Estado Español para la Biblioteca Nacional, Madrid, en 1969]. Barcelona: José Porter, 1953-1955. 3v. —*Suplemento*, 1955, 27p; —*Guía del lector...*, 8p, impresos aparte.

025 Ford, Jeremiah D. M., and Lansing, Ruth, *Cervantes: a tentative bibliography of his works and of the bigraphical and critical material concerning him.* Harvard Univ. Press, 1931. xiii, 239p.

026 Grismer, Raymond L., *Cervantes: a bibliography; books, essays, articles, and other studies on the life of Cervantes, his works and his imitators.* New York: H. W. Wilson, 1946. 183p.

027 —Volume II. Minneapolis, Minnesota: Burges-Beckwith [¿1963?]. 233p. —Reprint, I y II, New York: Kraus, 1971.
—Oelschläger, V. R. B., «More cervantine bibliography», *Hispania,* 33: 144-150 (1950).

028 Simón Díaz, José, *Bibliografía de la literatura hispánica,* v. 8, Madrid: CSIC, 1970.

029 Pérez Capo, Felipe, *El Quijote en el teatro; repertorio cronológico de 290 producciones escénicas relacionadas con la inmortal obra de Cervantes.* Barcelona: Ed. Milla, 1947, 91p.

030 Sedó Peris-Mencheta, Juan, *Ensayo de una bibliografía de miscelánea cervantina: comedias, historietas, novelas, poemas, zarzuelas, etc., inspiradas en Cervantes o en sus obras.* Barcelona: 1947. xlvii, 241p.

031 Valle, Rafael Heliodoro, [y] Romero, Emilia, *Bibliografía cervantina en la América española.* México: Universidad Nacional Autónoma: Academia Mexicana de la Lengua, 1950. xxi, 317p.

.1 Sánchez, Alberto, *Cervantes: bibliografía fundamental, 1900-1959. Cuadernos bibliográficos,* n. 1. Madrid: CSIC, 1961. 16p.

.2 —«Bibliografía española en el IV centenario del nacimiento de Cervantes», *HCM,* II, p. 447-494.

INDICES, OBRAS DE REFERENCIA UTILES, ETCETERA

032 Cejador y Frauca, Julio, *La lengua de Cervantes, gramática y diccionario de la lengua castellana en «El ingenioso hidalgo...»*. Madrid: Jaime Ratés. Tomo I: Gramática, 1905. Tomo II: Diccionario y comentario, 1906.

033 Cárcer y de Sobíes, Enrique de, *Las frases del «Quijote»; su exposición, ordenación y comentarios, y su versión a las lenguas francesa, portuguesa, italiana, catalana, inglesa y alemana*. Lérida: Artes Gráficas de Sol y Benet; Barcelona: Ed. Eugenio Subirana, 1916. xi, 666p.

034 Fernández Gómez, Carlos, *Vocabulario de Cervantes*. Madrid: Real Academia Española, 1962. x, 1138p.

035 Cotarelo Valledor, Armando, *Padrón literario de Miguel de Cervantes Saavedra, seguido de una nómina de los personajes históricos mencionados en sus obras, y un apéndice de los aprobadores de ellas*. Madrid: Imp. de Editorial Magisterio Español, 1948. xv, 588p.

036 Predmore, Richard L., *An index to «Don Quijote», including proper names, and notable matters*. Rutgers Univ. Press, 1938. x, 102p. —Reprint: New York: Kraus, 1970.

037 *Indice analítico*, por José Bergúa; edición de *El ingenioso hidalgo...* de la Editorial Porrúa, México, 1962 (2.ª ed.); de Ediciones Ibéricas, Madrid, 1965 (5.ª ed.).

038 *Indice general*, [edición de] Juan Suñé Benages, v. 2. Barcelona: Joaquín Gil, 1932.
—Apéndice: pensamientos, refranes, máximas, vocablos y pasajes primorosos, reunidos y ordenados por Joaquín Gil, ed. Clásicos Cúspide, Buenos Aires: Libr. «El Ateneo», 1942.
—*Fraseología de Cervantes, colección de frases, refranes, proverbios, aforismos, adagios, expresiones y modos adverbiales que se leen en las obras cervantinas*. Barcelona: Ed. Lux, 1929. 320p.

039 Astrana Marín, Luis, *Vida ejemplar y heroica de Miguel*

de Cervantes Saavedra. Con mil documentos hasta aho-
ra inéditos y numerosas ilustraciones y grabados de épo-
ca. Madrid: Instituto Editorial Reus, 1948-1958. 7v.

040 Henrich, Manuel, *Iconografía de las ediciones del «Qui-*
jote»... reproducción en facsímile de las portadas de 611
ediciones con notas bibliográficas... del año 1605 al
1905. Barcelona: Henrich, 1905, 3v.

ICONOGRAFIA

041 *Iconografía de Don Quijote.* Reproducción heliográfica
y foto-tipográfica de 101 láminas elegidas entre las 60
ediciones, diversamente ilustradas, que se han publi-
cado durante 257 años... destinadas a la primera edición de *Don Quijote* reproducida por la foto-tipografía por... Francisco López Fabra. Barcelona: Imp. ...
heredero de Pablo Riera, 1879.

042 Ashbee, H. S., *An iconography of Don Quixote, 1605-*
1895. London: printed for the author at the University
Press, Aberdeen, and issued by the Bibliographical
Society, July, 1895. xii, 202p.

— Rius, 3(1905), p. 522-552, véase el n. **020.**

043 Givanel Mas, Juan, [y] «Gaziel» [Agustín Calvet],
Historia gráfica de Cervantes y del Quijote. Madrid:
Editorial Plus-Ultra, 1946. 576p.

044 Areny Batlle, Ramón, [y] Roch Sevina, Domingo, *En-*
sayo bibliográfico de ediciones ilustradas de «Don Qui-
jote de la Mancha», Lérida: PCCC, Editora Leridana,
1948. xiv, 167p.

045 Rojas Garcidueñas, José, *Presencias de Don Quijote*
en las artes de México. México: Universidad Nacional
Autónoma, Instituto de investigaciones estéticas, 1965.
189p. 2.ª ed., 1968.

.1 Cain, Julien, «Les premières illustrations françaises
de *Don Quichotte*», p. 27-37, *Mélanges Bertaux,* París:
E. de Boccard, 1924.

.2 Hofer, Philip, «Don Quixote and the illustrators»,
The Dolphin, n. 4: 135-143 (1941).

.3   Romera-Navarro, Miguel: «Correspondencia entre las interpretaciones literarias del *Quijote* y las pictóricas», *HR*, 12: 152-157 (1944).

.4   —*Interpretación pictórica del «Quijote» por Doré*. Madrid: CSIC, 1946. 59p y 33 láminas.

.5   —«Pictorial interpretations of *Don Quixote*», *Library Chronicle*, University of Texas, 3: 46-54 (1948).

.6   Mornand, Pierre, «Iconographie de *Don Quichotte*», *Le Portique*, n. 2: 83-105 (1945).

.7   Hornedo, Rafael María de, «De iconografía cervantina y quijotesca», *RyF*, 136: 440-454 (1947).

.8   Romero Brest, Jorge, «El *Quijote* y sus ilustradores», *Realidad*, a. 1, 2: 297-306 (1947).

.9   Seznec, Jean, «Don Quixote and his French illustrators», *Gazette des Beaux-Arts*, serie 6, 34: 173-192, 223-229 (Sept. 1948).

.10 Sedó Peris-Mencheta, Juan, *Embrujo y riesgo de las bellas artes*. Discurso... Barcelona: Real Academia de Bellas Artes de San Jorge, 1952. («Iconografía de 'la aventura de los molinos de viento', seleccionada de las diversas ediciones ilustradas de nuestra colección...») 39p y láminas.

MUSICA

046 Roda, Cecilio de, «Los instrumentos músicos y las danzas en el *Quijote*», *AMC* (1905), p. 145-176.

047 Espinós, Víctor, *El «Quijote» en la música*, Barcelona: PCCC, CSIC, 1947. x, 169p.

048 Salazar, Adolfo, «La música en *Don Quijote*», p. 171-181 et passim, *La música en Cervantes y otros ensayos*, Madrid: Insula, 1961. — *NRFH*, 2: 51-56 (1948).

049 Querol Gavaldá, Miguel, *La música en las obras de Cervantes*, Barcelona: Ediciones Comtalia, 1948. 173p. — *RFE*, 32: 367-382 (1948).

.1   Haywood, Charles, «Cervantes and music», *Hispania*, 31: 131-151 (1948).

.2 —«Musical settings to Cervantes' texts», *CAC*, p. 254-263.

.3 Arco y Garay, Ricardo del, «La música y la danza en las obras de Cervantes», *RdIE*, 9, n. 35: 253-270 (1951).

.4 Diego, Gerardo, «Cervantes y la música», *AC*, 1: 5-40 (1951).

ESTUDIOS GENERALES SOBRE CERVANTES Y EL QUIJOTE, LIBROS Y ARTICULOS PUBLICADOS 1900-1975

(Se omiten las historias de literatura española, que por lo normal dedican un capítulo a Cervantes y al *Quijote*.)

050 Aguirre, José Luis, *Cervantes y Don Quijote*, Valencia: Cosmos, 1959. 166p. Colección «Estudio y Vida».

051 Babelon, Jean, *Cervantès*, París: Éditions de la Nouvelle Revue Critique, 1939. 283p.
—*Cervantes*. Trad. Luis Echávarri. Buenos Aires: Ed. Losada, 1947. 250p.

052 Bell, Aubrey, F. G., *Cervantes*, Univ. of Oklahoma Press, 1947, xxi, 256p.

053 Castro, Américo, *Cervantès*, París: Éditions Rieder, 1931. 80p.

054 Cassou, Jean, *Cervantès*, París: Éditions Sociales Internatls., 1936. 244p.
—*Cervantes, un hombre y una época*. Trad. F. Pina. México: Ediciones Quetzal, 1939. 126p. —Buenos Aires: 1958. 77p. Colección Panorama, n. 18.
—«An introduction to Cervantes», *CAC*, p. 3-31.

055 Entwistle, William J[ames], *Cervantes*, Oxford: Clarendon Press, 1940. 192p. —Reprint, 1965, 1967.

056 Krauss, Werner, *Miguel de Cervantes, Leben und Werk*, Neuwied und Berlin-West: Luchterhand, 1966. 253p.

057 Olmeda, Mauro, *El ingenio de Cervantes y la locura de Don Quijote*, México: Ed. Atlante, 1958. 351p. 2.ª ed., Madrid: Ed. Ayuso, 1973. 350p.

058 Rojas, Ricardo, *Cervantes*, Buenos Aires: Ed. «La Facultad», J. Roldán y Cía., 1935. xvii, 424p. —Buenos Aires: Ed. Losada, 1948. 319p.

059 Schevill, Rudolph, *Cervantes*, New York: Duffield & Co., 1919, iv, 388p. —Reprint, New York: Ungar, 1966.

.1 —«The education and culture of Cervantes», *HR*, 1: 24-36 (1933).

---

060 Castro, Américo, *El pensamiento de Cervantes*, Nueva edición ampliada y con notas del autor y de Julio Rodríguez-Puértolas, Barcelona-Madrid: Ed. Noguer, 1972. 410p.
—Primera ed., Madrid: Hernando, 1925.

061 Cotarelo Valledor, Armando, *Cervantes lector*, discurso... 1940, Madrid: Publicaciones del Instituto de España, 1943. 119p.

062 Menéndez y Pelayo, Marcelino, «Cultura literaria de Miguel de Cervantes y elaboración del *Quijote*» (1905), p. 323-356, *Edición nacional, Obras Completas, Estudios y discursos de crítica histórica y literaria*, v. 1, Santander: Aldus, CSIC, 1941.

---

063 Bertrand, J. J. A., «La naissance du chef-d'oeuvre», *AC*, 6: 193-226 (1957). —*DQFK*, p. 368-415.

064 Casalduero, Joaquín, «El desarrollo de la obra de Cervantes», p. 125-133, *Estudios de literatura española*, 2.ª ed., Madrid: G-BRH, 1967. —*La Torre*, 14, n. 54: 65-74 (1966).

065 Kelly, James Fitzmaurice, «Introduction to *Don Quixote*», *The complete works of Miguel de Cervantes*, edited by James Fitzmaurice Kelly, translated by John Ormsby, *Don Quixote*, v. 1, Glasgow: Gowans & Gray, 1901.

066 Levin, Harry, «The example of Cervantes», p. 79-96, *Contexts of criticism*, Harvard Univ. Press, 1958. —*CEN*, p. 34-48.

067 Morínigo, Marcos A., «Estudio preliminar», v. 1, ed. citada **017**.

068 —«El teatro como sustituto de la novela en el Siglo de Oro», *RUBA*, 5.ª ép., a. 2: 41-61 (1957).

069 Sánchez y Escribano, Federico, «Cervantes' literary achievement», *RHM*, homenaje Onís, 34: 424-435 (1968).

070 Thomov, Thomas S., «*Don Quichotte* dans la vie et l'oeuvre de Cervantes», *BzRPh*, 6: 103-113, 313-322 (1967).

---

071 Castro, Américo, «Los prólogos al *Quijote*», p. 262-301, *Hacia Cervantes*, 3.ª ed., Madrid: Taurus, 1967. —*RFH*, 3: 314-338 (1941). —«The prefaces to *Don Quixote*», *PQ*, 21: 65-96 (1942).

072 —«La estructura del *Quijote*», p. 302-358, *Hacia Cervantes*, 3.ª ed. —*Realidad*, a. 1, 2: 145-170 (1947). —«Incarnation in *Don Quixote*», *CAC*, p. 146-188.

073 —«El *Quijote*, taller de existencialidad», *RdO*, 2.ª ép., a. 5: 1-33 (1967).

074 Lida, Raimundo, «Vértigo del *Quijote*», *Asomante*, 18: 7-26 (1962).

075 Hazard, Paul, «*Don Quichotte*» de Cervantes, *étude et analyse*. París: Mellottée, 1931, 1949, 378p.

076 Madariaga, Salvador de, *Guía del lector del Quijote, ensayo psicológico...* Madrid: Espasa-Calpe, 1926. 215p. —Buenos Aires: Ed. Sudamericana, 1943.

.1 —«*Don Quixote*», *an introductory essay in psychology*, Oxford: Clarendon Press, 1935, rvs'd, 1961 (ed. revisada) —incluye el artículo citado bajo **184.**

077 Montoliu, Manuel de, *Tríptico del Quijote*, Barcelona: Ed. Cervantes, 1947. 245p.

078 Riquer, Martín de, *Aproximación al Quijote*, Barcelona: Ed. Teide, 1967. 236p. 2.ª ed. revisada de *Cervantes y el Quijote*, 1960.

079 —«Introducción a la lectura del *Quijote*», v. 1, ed. Labor, Barcelona, 1967: *V.* **018.** Trad. alemana, «El estilo...», *DQFK*, p. 476-493.

080 Xavier, Alberto, «*Dom Quixote*», *análise crítica*, Lisboa: Livraria Portugália [1943], 339p.

081 Predmore, Richard L., *El mundo del Quijote*, Madrid: Insula, 1958, 168p.
—*The world of «Don Quixote»*, Harvard Univ. Press, 1967. 133p.

082 Monroy, Juan Antonio, *La Biblia en el Quijote*, Madrid: V. Suárez, 1963. 176p.

---

083 Marasso, Arturo, *Cervantes, la invención del Quijote*, Buenos Aires: Libr. Hachette, 1954. 343p.

084 Ayala, Francisco, «La invención del *Quijote*», p. 39-78, *Experiencia e invención*, Madrid: Taurus, 1960.
—p. 23-73, *Cervantes y Quevedo*, Barcelona: Seix Barral, 1974.

— Azaña, Manuel, «Cervantes y la invención del *Quijote*» (1930), p. 5-72, *La invención del Quijote, y otros ensayos. V.* **280.**

085 Casalduero, Joaquín, «La creación literaria en el *Quijote* de 1605», p. 83-98, *Estudios de literatura española*, Madrid: G-BRH, 1967.

086 Lloréns, Vicente, «La intención del *Quijote*», p. 205-222, *Literatura, historia, política*, Madrid: Revista de Occidente, 1967.

087 Menéndez Pidal, Ramón, *Un aspecto en la elaboración del «Quijote»*, Discurso leído en el Ateneo de Madrid (1920). 2.ª ed. aumentada, Madrid, 1924. 98p. —*España y su historia*, II, p. 179-211, Madrid: Ediciones Minotauro, 1957.

.1 —«The genesis of *Don Quixote*», trad. George I. Dale, *CAC*, p. 32-55. —*The anatomy of «Don Quixote»*, *a symposium*, ed. M. J. Benardete and Angel Flores, p. 1-40, Ithaca, N. Y.: Dragon Press, 1932. —Reprint, Port Washington, N. Y.: Kennikat Press, 1969.

088 Real, César, «El *Quijote*, obra de invención», *HCM*, II, p. 287-310.

089 Avalle-Arce, J. B., y Riley, E. C., «Don Quijote», *SC*, p. 47-79.

090 Casalduero, Joaquín, *Sentido y forma del Quijote, 1605-1615*, Madrid: Ediciones Insula, 1949, 1966, 1970 405p.

—«The composition of *Don Quixote*», CAC, p. 56-93.

091 Ghiano, Juan Carlos, *Cervantes novelista*, Buenos Aires: Ediciones Centurión, 1948. 97p.

092 Ortega y Gasset, José, *Meditaciones del Quijote* (1914), comentario por Julián Marías. Madrid: Ediciones de la Universidad de Puerto Rico, Revista de Occidente, 1957. 445p.
—*Obras completas*, v. 1, Madrid: Revista de Occidente, 1946.
—*Meditations on Quixote*, with introd. and notes by Julián Marías; trad. Evelyn Rugg and Diego Marín, New York: W. W. Norton, 1961. 192p.

093 Togeby, Knud, *La composition du roman «Don Quijote»*, *Orbis litterarum*, supplementum 1, Copenhague: Libr. Munksgaard, 1957. 63p.

094 Willis, Raymond S., Jr., *The phantom chapters of the Quijote*. New York: Hispanic Institute, 1953. 128p.

095 Bell, Michael, «The structure of *Don Quixote*», *Essays in Criticism*, 18: 241-257 (1968).

096 Riley, Edward C., «Episodio, novela y aventura en *Don Quijote*», *AC*, 5: 209-230 (1955-6).

097 Croce, Benedetto, «Cervantes: intorno al *Don Quijote*», *La Critica*, 37: 161-167 (1939).—*Poesia antica e moderna*, p. 247-256, 2.ª ed., Bari: G. Laterza & figli, 1943. —trad. [incompleta], «The 'simpatía' of Don Quixote», *CAC*, p. 189-192.

098 Salingar, L. G., «*Don Quixote* as a prose epic», *Forum for Modern Language Studies*, 2: 53-68 (1966).

099 De Chasca, Edmund, «Algunos aspectos del ritmo y del movimiento narrativo del *Quijote*», *RFE*, 47: 287-307 (1964).

100 Díaz-Plaja, Guillermo, «La técnica narrativa de Cervantes», p. 139-187, *Poesía y realidad*, Madrid: Revista de Occidente, 1952. —*RFE*, 32: 237-268 (1948).
—*DQFK*, p. 81-114.
El Saffar, Ruth, *Distance and control in «Don Quixote»*, *a study in narrative technique*, Chapel Hill: North Carolina studies in the Romance languages and literatures, n. 147. 1975. 141p.

101 Percas de Ponseti, Helena, *Cervantes y su concepto del arte*, G-BRH, 1975. 2v., 690p.

102 Spitzer, Leo, «Perspectivismo lingüístico en el *Quijote*», p. 135-187, *Lingüística e historia literaria*, Madrid: G-BRH, 1955, 1968.
—«Linguistic perspectivism in the *Don Quijote*», p. 41-85, *Linguistics and literary history*, Princeton Univ. Press, 1967.

103 Neuschäfer, Hans-Jörg, *Der Sinn der Parodie im «Don Quijote»*, Studia Romanica, 5. Heft, Heidelberg: Carl Winter, Universitätsverlag, 1963. 119p.

104 Cook, Albert, «The beginning of fiction: Cervantes», *Journal of Aesthetics and Art Criticism*, 17: 463-472 (1959). —p. 7-23, *The meaning of fiction*, Detroit: Wayne State Univ. Press, 1960.

105 Pons, J. S., «Cervantes et la fiction», *Annales de la faculté des lettres de Toulouse*, I: 58-69 (1951-2).

106 Trotter, G. D., *Cervantes and the art of fiction*, Univ. of Exeter, 1965. 22p.

---

107 Canavaggio, Jean-François, «Alonso López Pinciano y la estética literaria de Cervantes en el *Quijote*», *AC*, 7: 13-107 (1958).

108 Riley, Edward C., *Teoría de la novela en Cervantes*, Madrid: Taurus, 1966, 1972. 361p. Colección Persiles.
—*Cervantes's theory of the novel*, Oxford: Clarendon Press, 1962. 244p.

109 Sánchez, Alberto, «Historia y poesía en el Quijote», *CuadL*, 3: 139-160 (1948).

110 Murillo, Luis Andrés, «Cervantic irony in Don Quijote, the problem for literary criticism», *HRM*, II, p. 21-27.

---

111 Castro, Américo, «La palabra escrita y el *Quijote*», p. 359-408, *Hacia Cervantes; V.* **071.**

112 Gerhardt, Mia Irene, *Don Quijote, la vie et les livres*, Mededelingen der Koninklijke Nederlandse Akademie van Wetenschappen, afd. Letterkunde, serie 2, v. 18, n. 2, p. 17-57, Amsterdam: 1955.

113 Lloréns Castillo, Vicente, *Don Quijote y los libros*, Univ. de Puerto Rico, Junta Editora, 1947. 33p.

114 Riquer, Martín de, «El *Quijote* y los libros», *PSA*, a. 14, 54, n. 160: 5-24 (1969).

115 Gilman, Stephen, «Los inquisidores literarios de Cervantes», p. 3-25, *Actas del tercer congreso internacional de hispanistas*, México: Colegio de México, 1970.

116 Murillo, L. A., *The Golden Dial: temporal configuration in «Don Quijote»*, Oxford: Dolphin Book Co., 1975. 178p.

117 Ibérico Rodríguez, Mariano, «*El retablo de maese Pedro*, estudio sobre el sentimiento del tiempo en Don Quijote», *Letras* (Lima): n. 45-5: 5-23 (1955).

118 Alonso, Amado, «Cervantes», «Don Quijote no asceta, pero ejemplar caballero y cristiano», p. 187-229, *Materia y forma en poesía*, Madrid: G-BRH, 1955.

119 Auden, W. H., «The ironic hero, some reflections on Don Quixote», *The Third Hour*, 4: 43-50 (1949). —*Horizon*, 20: 86-94 (1949). —*CEN*, p. 73-81.

120 López Estrada, Francisco, «La aventura frustrada, Don Quijote como caballero aventurero», *AC*, 3: 161-214 (1953).

121 Maya, Rafael, «Los tres mundos de Don Quijote», p. 7-36, *Los tres mundos de Don Quijote, y otros ensayos*, Bogotá: Bibl. de autores colombianos, 1952. —*BICC*, 3: 36-59 (1947). —*Revista Javeriana*, 28: 228-243 (1947).

122 Van Doren, Mark, *Don Quixote's profession*, Univ. of Columbia Press, 1958. viii, 99p. —*La profesión de Don Quijote*, trad. Pilar de Madariaga, México-Buenos Aires: Fondo de Cultura Económica, 1962. 108p.

123 Rosenblat, Angel, *La lengua del «Quijote»*, Madrid: G-BRH, 1971, 380p.

124 Hatzfeld, Helmut, *El «Quijote» como obra de arte del lenguaje*, 2.ª ed. española refundida y aumentada, Madrid: CSIC, *RFE*, anejo 83, 1966. 371p.

125   Pellegrini, Silvio, «L'unità del *Don Chisciotte*», *Belfagor*, 19: 534-545 (1964).

126   Trueblood, A. S., «Sobre la selección artística en el *Quijote*, '*lo que ha dejado de escribir*' (II.44)», *NRFH*, 10: 44-50 (1956).
      —«El silencio en el *Quijote*», *NRFH*, 12: 160-180 (1958) [trad. alemana, *DQFK*, p. 416-449]; 13: 98-100 (1959).

127   Zardoya, Concha, «Los 'silencios' de *Don Quijote de la Mancha*», *Hispania*, 43: 314-319 (1960).

---

128   Wardropper, Bruce W., «*Don Quixote:* story or history?», *MPh*, 63: 1-11 (1965).

129   Hamburger, Käte, «Don Quijote und die Struktur des epischen Humors», p. 191-209, *Festgabe für Eduard Berend*, Weimar: H. Böhlaus Nachf., 1959.

130   Van Maelsaeke, D., «The paradox of Humour: a comparative study of *Don Quixote*», *Theoria* (Univ. of Natal), n. 28: 24-42 (1967).

131   Swanson, Roy Arthur, «The *Humor* of Don Quixote», *RR*, 54: 161-170 (1963).

---

132   Green, Otis H., «Realidad, voluntad y gracia en Cervantes», *Ibérida*, n. 5: 113-128 (1961).

133   Parker, Alexander A., «El concepto de la verdad en el *Quijote*», *RFE*, 32: 287-305 (1948). —*DQFK*, p. 17-36.
      —«*Don Quixote* and the relativity of truth», *Dublin Review*, 44: 28-37 (1947).

134   Predmore, Richard L., «El problema de la realidad en el *Quijote*», *NRFH*, 7: 489-498 (1953). *V*, además el cap. 7 del n. **081.**

135   Riley, Edward C., «Who's who in *Don Quijote?* or an approach to the problem of identity», *MLN*, 81: 113-130 (1966).

136   Schutz, Alfred, «Don Quixote and the problem of reality», en *Collected papers*, v. 2, p. 135-158, The Hague: M. Nijhoff, 1964.
      —«Don Quijote y el problema de la realidad», trad. Martha Díaz de León Recaséns, *Dianoia* (Anuario de

Filosofía, Universidad Nacional Autónoma de México), 1: 312-330 (1955).

137 Oelschläger, Victor R. B., «Quixotessence», *Quaderni Iberoamericani*, n. 27: 143-157 (1961).

138 Río, Angel del, «El equívoco del *Quijote*», *HR*, 27: 200-221 (1959).
—«The equívoco of *Don Quixote*», trad. Arthur Armstrong, p. 215-240, *Varieties of literary experience*, ed. Stanley Burnshaw, New York Univ. Press, 1962.

139 Sarmiento, Edward, «On the interpretation of *Don Quixote*», *BHS*, 37: 146-153 (1960).

140 Spitzer, Leo, «On the significance of *Don Quijote*», *MLN*, 77: 113-129 (1962). —*CEN*, p. 82-97.

141 Díaz Plaja, Guillermo, «El *Quijote* como situación teatral», p. 13-136, *Cuestión de límites*, Madrid: Revista de Occidente, 1963.
—«Don Quijote, tema teatral», p. 122-133, *Ensayos elegidos*, Madrid: Revista de Occidente, 1965.

142 Echeverría, José, *El Quijote como figura de la vida humana*, Santiago de Chile: Ediciones de la Universidad de Chile, 1965. 142p.

143 González López, Emilio, «La evolución del arte cervantino y las ventas de *El Quijote*», *RHM*, homenaje Onís, 34: 302-312 (1968).

144 Mañach, Jorge, *Examen del quijotismo*, Buenos Aires: Ed. Sudamericana, 1950. 165p.

145 Montserrat, Santiago, *La conciencia burguesa en el Quijote*, Córdoba [Argentina]: Publicaciones de la Universidad Nacional de Córdoba [1965]. 52p.
—*Interpretación histórica del Quijote y otros ensayos*, p. 9-114, Córdoba: Universidad Nacional de Córdoba, Facultad de Filosofía y Humanidades, 1956. 194p.

146 Lukács, Georg, *Teoría de la novela* [1920], trad. del francés, Juan José Sebreli, Buenos Aires: Ediciones Siglo Veinte, 1966, II, c. 1, p. 96-106.
—*Die Theorie des Romans*, Berlín: P. Cassirer, 1920.
—*La théorie du roman*, París: Éditions Gonthier, 1963.

—*The theory of the novel*, London: Merlin Press; Cambridge, Mass.: MIT Press, 1971.

147   Robert, Marthe, *L'ancien et le nouveau, de Don Quichotte à Franz Kafka*, París: Éditions Bernard Grasset, 1963. 320p. —Petite Bibl. Payot, 1967.

148   Mann, Thomas, «A bordo con *Don Quijote*» (1934), *RdO*, a. 13, 48: 69-105, 163-189 (1935). —*Cervantes, Goethe, Freud*, Buenos Aires: Losada, 1943, 1961.
—«Meerfahrt mit *Don Quixote*», *Leiden und Grösse der Meister*, Berlín: S. Fischer, 1935.
—«Voyage with *Don Quixote*», p. 429-464, *Essays of three decades*, New York: Alfred A. Knopf, 1948.
—*CEN*, p. 49-72.

149   LENGUA, LEXICO

Cejador, **032**; Rosenblat, **123**. Mendizábal, **016**.

.1   Mancing, Howard, «The comic function of chivalric names in *Don Quijote*», *Names*, 21: 200-225 (1973).

.2   Corley, Ames Haven, «Word-play in the *Don Quixote*», *RHisp*, 40: 543-591 (1917).

.3   Bates, Margaret J., «*Discreción*» in the works of Cervantes, a semantic study [Ph. D. thesis], Catholic Univ. of America Press, 1945. 86p. Reprint, New York-London, AMS Press, 1969.

.4   Ravaisse, Paul, *Les mots arabes et hispano-morisques du «Don Quichotte»*. *Revue de Linguistique et Philologie Comparée*, 1907-1916.

.5   Allen, John J., «The evolution of *puesto que* in Cervantes' prose», *Hispania*, 45: 90-93 (1962).

.6   Demmer, Juanita L., and Wright, Leavitt O., «A frequency study of the third person object pronouns in the *Don Quijote*», *Hispania*, 31: 161-162 (1948).

.7   Sloan, Arthur St. Clair, «The pronouns of address in *Don Quijote*», *RR*, 13: 65-76 (1922).

.8   Brownell, George G., «The position of the attributive adjective in the *Don Quixote*», *RHisp*, 19: 20-50 (1908).

.9 Weigert, L., *Untersuchungen zur spanischen Syntax auf Grund der Werke des Cervantes*, Berlín: Mayer & Müller, 1907, vii, 241p.

.10 Haynes, Randolph Arnold, *Negation in «Don Quijote»* [Ph. D. thesis, Chicago], private ed., Austin, Texas, 1933. xi, 167p.

.11 Gould, Wm. Elford, *The subjunctive mood in Don Quijote de la Mancha*, Ph. D. thesis, Johns Hopkins, Baltimore: J. H. Furst Co., 1905.

.12 Wistén, Léonard, *Études sur le style et la syntaxe de Cervantès*, 2v. I, *Les constructions gérondives absolutes*, II, *Les constructions participiales absolues*, 1901, 1906.

.13 Mendeloff, Henry, «A linguistic inventory of the conditional sentence contrary to fact in the *Quijote*», *EHH*, p. 133-155.

.14 Sola-Solé, J. M., «El árabe y los arabismos en Cervantes», *EHH*, p. 209-222.

CERVANTES Y LOS LIBROS DE CABALLERIAS

Comentarios de Bowle, Clemencín; Madariaga, **076**; Riquer, **079**.

150 TIRANTE EL BLANCO

.1 Riquer, Martín de, [prólogo:] «*Tirante el Blanco, Don Quijote* y los libros de caballerías», *Tirante el Blanco*, trad. castellana de 1511. Asociación de Bibliófilos de Barcelona, 1947. 3v.

.2 —Joanot Martorell, Martí Joan de Galba, *Tirant lo Blanc*, ed. Martín de Riquer, Barcelona: Ed. Selecta, Biblioteca Perenne, 1947, Introd., p. 191-200.

.3 —*Tirant lo Blanc*. Edició del V Centenari de la mort de Joanot Martorell. Pròleg i text de Martí de Riquer, Barcelona: Ed. Seix Barral, 1969. 2v. Col. Biblioteca Breve de Bolsillo. *V*. Prólogo y bibliografía.

.4 Alonso, Dámaso, «*Tirant-lo-Blanc*, novela moderna», p. 201-253, *Primavera temprana de la literatura europea*, Madrid: Ediciones Guadarrama, 1961.

.5 Givanel Mas, Joan, *El «Tirant lo Blanch»* i *«D. Quijote de la Mancha»*, Barcelona: Extret dels *Quaderns d'Estudi*, 1921-2. 78p.

.6 Eisenberg, Daniel, «Pero Pérez the priest and his comment on *Tirant lo Blanch*», *MLN*, 83: 321-330 (1973).

.7 McCready, Warren T., «Cervantes and the 'Caballero Fonseca'», *MLN*, 73: 33-35 (1958).

.8 Aylward, Edward T., «The influence of *Tirant lo Blanch* on the *Quijote*», tesis inédita, Princeton Univ., 1973. 369 p.

151 AMADIS DE GAULA

.1 Olmedo, Félix G., *El «Amadís» y el «Quijote»*, p. 15-149, Madrid: Editora Nacional, 1947.

.2 Place, Edwin B., «Cervantes and the *Amadís*», p. 131-140, *Hispanic studies in honor of Nicholson B. Adams*, ed. J. E. Keller and K.-L. Selig, Univ. of North Carolina Press, 1966.

.3 Murillo, L. A., «The Summer of Myth...», *PQ*, 51: 145-157 (1972).

.4 Gili y Gaya, Samuel, *Amadís de Gaula*. Publicación de la Universidad de Barcelona, Facultad de Filosofía y Letras, 1956. 26p.

152 PALMERÍN DE OLIVIA

.1 Mancini, Guido, «Introd. al *Palmerín de Olivia*», p. 176 y ss., *Dos estudios de literatura española*, Barcelona: Planeta, 1969. —Original en: *Studi sul «Palmerín de Olivia»* II, Instituto di Letteratura Spagnola e Ispano-Americana dell'Università di Pisa, 1966.

153 OTROS

.1 Alonso, Dámaso, «El hidalgo Camilote y el hidal-
go Don Quijote» [*Primaleón*], p. 20-28, *Del Siglo de
Oro a este siglo de siglas*, Madrid: Gredos, 1968.
—*RFE*, 20: 391-397 (1933); 21: 283-284 (1934).

.2 Walker, Roger M., «Did Cervantes know the *Cavallero Zifar?*», *BHS*, 49: 120-127 (1972).

154 ESTUDIOS GENERALES

.1 Riquer, Martín de, «Cervantes y la caballeresca», *SC*,
p. 273-292.

.2 Eisenberg, Daniel, «*Don Quijote* and the romances of
chivalry: the need for a reexamination», *HR*, 41:
511-523 (1973).
—Trad. A. Díaz Quiñones, *Sin Nombre*, 6, n. 2:
54-65 (1975).

155 TÓPICOS. **491.**

.1 Caro Baroja, Julio, «El *Quijote* y la concepción má-
gica del mundo», *RdO*, 2.ª ép., a. 2, n. 11: 158-170
(1964). —*Vidas mágicas e Inquisición*, I, p. 167-183,
Madrid: Taurus, 1967.

156

.1 Menéndez Pidal, Ramón, *Cervantes y el ideal caba-
lleresco*, Madrid: PCCC, Gráfica Comercial, 1948.
29p. —*España y su historia*, II, p. 212-234. *V*. **087.**

.2 —«Cervantes y la epopeya», *HCM*, II, p. 421-443.

.3 D'Ors, Eugenio, «Fenomenología de los libros de ca-
ballería», *BRAE*, 27: 91-105 (1947-8).

157 SOBRE LAS CENSURAS. Riquer, **079.**

.1 Glaser, Edward, «Nuevos datos sobre la crítica de los libros de caballerías en los siglos XVI y XVII», *Anuario de estudios medievales* (Barcelona): n. 3: 393-410 (1966).

158 SOBRE EL PÚBLICO

.1 Chevalier, Maxime, *Sur le public du roman de chevalerie*, Institut d'études ibériques et ibéro-américaines de l'Université de Bordeaux, 1968. 20p.
.2 Eisenberg, Daniel, «Who read the romances of chivalry?», *KRQ*, 20: 209-233 (1973).

159 SOBRE LA PARODIA DE...

103

.1 Riquer, Martín de, «Don Quijote, caballero por escarnio», *Clavileño*, 7, n. 41: 47-50 (1956).
.2 —«La technique parodique du roman médiéval dans le *Quichotte*», p. 55-69, *Colloque de Strasbourg* (23-25 avril 1959), París: Presses Universitaires de France, 1961.
.3 Sánchez y Escribano, Federico, «El sentido cervantino del ataque contra los libros de caballerías», *AC*, 5: 19-40 (1955-6).

160 OBRAS DE REFERENCIA

.1 Thomas, Henry, *Spanish and portuguese romances of chivalry*, Cambridge Univ. Press, 1920. 335p. Reprint: New York: Kraus, 1969. Consúltese el índice: Cervantes, *Don Quijote*.
   —*Las novelas de caballerías españolas y portuguesas*, trad. Esteban Pujals, Madrid: CSIC, 1952. 261p.

.2 Entwistle, William J., *A lenda arturiana nas literaturas da península ibérica*, trad. do inglês de António Alvaro Dória, revista e acrescentada pelo autor, Lisboa: Imprensa Nacional, 1942. 249p. Consúltese el índice: Cervantes.
—*The arthurian legend in the literatures of the Spanish peninsula*, London and Toronto: J. M. Dent & Sons, 1925. 271p.
—Reprint of English original, New York: Gordian Press, 1975.

.3 Bohigas Balaguer, Pedro, «Los libros de caballerías en el siglo XVI», p. 213-236, II, *Historia general de las literaturas hispánicas*, ed. Guillermo Díaz-Plaja, Barcelona: Ed. Barná, 1951. Reimpresión: Barcelona, Ed. Vergara, 1968.

.4 Loomis, Roger Sherman, ed., *Arthurian literature in the Middle Ages, a collaborative history*, Oxford: Clarendon Press, 1959. Contiene:

.5 Lida de Malkiel, María Rosa, «Arthurian literature in Spain and Portugal», p. 406-418.

.6 «La literatura artúrica en España y Portugal», p. 134-148, *Estudios de literatura española y comparada*, Editorial Universitaria de Buenos Aires, 1966.

CERVANTES Y ARIOSTO 1800-1975**

161 Chevalier, Maxime, *L'Arioste en Espagne (1530-1650), recherches sur l'influence du «Roland furieux»*, p. 439-491, Institut d'études ibériques et ibéro-américaines de l'Université de Bordeaux, 1966.

.1 Durán, Manuel, «Cervantes and Ariosto: once more, with feeling», *EHH*, p. 87-101.

162 Kruse, Margot, «Ariost und Cervantes», *RJ*, 12: 248-264 (1961).

163 Macrí, Oreste, «L'Ariosto e la letteratura spagnola», *Letterature Moderne*, 3: 515-543 (1952).

164 Consiglio, Carlo, «Sobre Cervantes y Ariosto», *RFE*, 33: 149-152 (1949).

165 Marone, Gherardo, «La cultura italiana en la formación del *Quijote*», p. 85-111, *Homenaje a Cervantes*, Buenos Aires: Facultad de Filosofía y Letras, 1947.

166 Baccheli, Riccardo, «Orlando fatato e l'elmo di Mambrino, saggio di idee sul meraviglioso in Ariosto e per Cervantes», *Rassegna d'Italia*, 1: 37-51 (1946).

167 Portnoy, Antonio, *Ariosto y su influencia en la literatura española*, p. 234-238, Buenos Aires: Ed. Estrada, 1932.

168 Popescu-Telega, Alexandru, *Cervantes și Italia, studiu de literaturi comparati*, Craiova: «Ramuri» [1931]. 212p.

169 Montoliu, Manuel de, «Cervantes y Ariosto», apéndice, p. 864-868, *Literatura castellana*, Barcelona: Ed. Cervantes, 1929, 1930.

170 Garrone, Marco A., «El *Orlando furioso* considerado como fuente del *Quijote*», *La España Moderna*, 23: 111-144 (Marzo 1911). —en ital., *Rivista d'Italia*, 14: 95-124 (1911).

— Menéndez y Pelayo, «Cultura literaria de Miguel de Cervantes y elaboración del *Quijote*», 1905; *V.* **062.**

171 D'Ovidio, Francesco, «Il *Furioso* e il *Don Chisciotte* (frammento)» [1894], en *Varietà critiche*, p. 115-119, Caserta: Editrice Moderne, 1929.

172 Renier, Rodolfo, «Ariosto e Cervantes», *Rivista Europea*, 8, 9, 10 (1878).

173 De Sanctis, Francesco, *Storia della letteratura italiana* (1870-71), ed. B. Croce, v. 2, p. 26-41. Bari: G. Laterza & figli, 1912.
—«L'*Armando* di Giovanni Prati» (1868), en *Saggi critici*, ed. L. Russo, v. 2, p. 192-193. Bari: G. Laterza, 1952.
—*La poesia cavalleresca* (1858-9), *Opere complete*, ed. Nino Cortese, p. 230-231, Napoli: Alberto Morano, 1940.

— Hegel, Georg Wilhelm F., *Aesthetik* (182-); *V.* **261.**

174 Schlegel, Friedrich, *Literary notebooks 1797-1801*, ed. Hans Eichner, Univ. of London, 1957. Consúltese el índice onomástico: Ariosto, Cervantes, *Don Quijote*.

CERVANTES Y ERASMO

175   Amezúa y Mayo, Agustín G. de, «Cervantes y Eras-
      mo», v. 1, p. 139-199, *Cervantes, creador de la novela
      corta española*, Madrid: CSIC, 1956.

176   Bataillon, Marcel, «El erasmismo de Cervantes», p.
      777-801, *Erasmo y España* (1937), 2.ª ed. en español,
      Colegio de México, 1966.

  .1 —«El erasmismo de Cervantes en el pensamiento de
      Castro», *EAC*, p. 191-207.

177   Castro, Américo, «Erasmo en tiempo de Cervantes»
      (1931), p. 222-261, *Hacia Cervantes, V.* **071.**

178   Alonso, Dámaso, «El crepúsculo de Erasmo» (1932),
      Obras completas, II, p. 654-656, Madrid: Gredos, 1973.

179   Krauss, Werner, «Erasmus und die spanische Renais-
      sance» [1939], p. 94-112, *Gesammelte Aufsätze zur
      Literatur-und Sprachwissenschaft*, Frankfurt: V. Klos-
      termann, 1949.

180   Schevill, Rudolph, «Erasmus and the fate of the li-
      beralistic movement prior to the Counter-Reforma-
      tion», *HR*, 5: 103-123 (1937). *V.* además **059.1.**

181   Rüegg, August, «Lo erásmico en el *Don Quijote* de
      Cervantes», *AC*, 4: 1-40 (1954).

182   Vilanova, Antonio, *Erasmo y Cervantes*, Barcelona:
      CSIC, 1949. 62p.

  .1 —Prólogo y notas: Jerónimo de Mondragón, *Censura
      de la locura humana y excelencia della* (1598), Barce-
      lona: Selecciones Bibliófilas, 1953. 196p.

  .2 —«La *Moria* de Erasmo y el Prólogo del *Quijote*»,
      CSC, p. 423-433.

CERVANTES Y CONVERSOS JUDIOS

183   Castro, Américo, «Cervantes y el *Quijote* a nueva
      luz», p. 1-183, *Cervantes y los casticismos españoles*,
      Madrid-Barcelona: Alfaguara, 1966-7.

  .1 —*De la edad conflictiva*, p. 171-2, 218-225, et passim,
      Madrid: Taurus, 1961.

.2 —«Cómo veo ahora el *Quijote*», Introd., ed. *Don Qui-jote*, Madrid: Magisterio Español, 1971. 2v.

.3 Zamora Vicente, Alonso, «Sobre la tarea cervantina de Américo Castro», *EAC*, p. 413-441.

— Astrana Marín, Luis, *VEHC*, 4 (1952), p. 7-69.

184 Madariaga, Salvador de, «Cervantes y su tiempo», *Cuadernos* (París), 40: 39-48 (1960). Este artículo sirve de prólogo a la ed. del *Quijote* anotada por Madariaga: Buenos Aires: Ed. Sudamericana, 1962.
—«Cervantès et son temps», *Preuves*, n. 58: 10-17 (Dic. 1955).
—«Cervantes und seine Zeit», *Der Monat*, 13, Heft 147: 5-16 (Dic. 1960).
—«Cervantes and his time», *Virginia Quarterly Review*, 37: 229-249 (1961), incluido en la ed. revisada **076.1.**

185 Olmos García, Francisco, «Orígenes de los conceptos 'cristiano viejo' y 'cristiano nuevo' y su significación en el *Quijote*», p. 119-152, *Cervantes en su época*, Madrid: Ricardo Aguilera, 1968. —*Les Langues Néo-Latines*, 55: 47-69 (1961).

186 Sicroff, Albert A., *Les controverses des statuts de «pureté de sang» en Espagne du XVe au XVIIe siècle*, p. 298-299, París: Didier, 1960.

CERVANTES Y LA CONTRARREFORMA

187 Descouzis, Paul, *Cervantes, a nueva luz, I, El «Quijote» y el Concilio de Trento*, Analecta Romanica, Heft 19, Frankfurt: V. Klostermann, 1966. 200p.
—II. *Con la Iglesia hemos dado, Sancho*, Madrid: Ediciones Iberoamericanas, 1973, 192p.

188 Castro, Américo, «Cervantes y la Inquisición» (1930), sobre la frase de II.36, p. 213-221, *Hacia Cervantes*, **071. —060,** c. 6.

189 Olmos García, Francisco, «La Inquisición en la época y en la obra de Cervantes», p. 11-117, *Cervantes en su época*, **185.** *V.* además **488.**

EL QUIJOTE DEL SIGLO XVII ESPAÑOL

190   Arco y Garay, Ricardo del, *La sociedad española en las obras de Cervantes*, Madrid: CSIC, PCCC, 1951. 783p.

191   Armas [y Cárdenas], José de, *El Quijote y su época*, Madrid: Renacimiento, 1915. 267p.

192   Morel-Fatio, Alfred, «Le Don Quichotte envisagé comme peinture et critique de la société espagnole du XVIe et XVIIe siècle», p. 295-382, *Études sur l'Espagne*, première série, deuxième ed., revue et augmentée, París: Libr. E. Bouillon, 1895.
       —«L'Espagne du *Don Quijote*», p. 149-208, *Studies in european literature, being the Taylorian lectures, 1889-1899*, Oxford: Clarendon Press, 1900.

   .1   «El *Quijote* considerado como pintura y crítica de la sociedad española de los siglos XVI y XVII», trad. Eduardo Juliá Martínez, *Semana cervantina*, resúmenes y artículos, 1.ª serie, 1: p. 117-183. Publicaciones de la biblioteca escolar del instituto general y técnico de Castellón, Castellón: Tip. de Hijos de J. Armengot, 1920. *V.* **021.5,** p. 169-170.

   .2   —«The social and historical background», trad. Mary Campbell Brill, *CAC*, 101-127. —p. 41-85, *Anatomy of «Don Quijote»; V.* **087.1.**

193   Puyol y Alonso, Julio, *Estado social que refleja el «Quijote»*, discurso... Madrid: Imp. del Asilo de Huérfanos del S. C. de Jesús, 1905. 108p.

194   Salcedo Ruiz, Angel, *Estado social que refleja el «Quijote»*, discurso... Madrid: Imp. del Asilo de Huérfanos del S. C. de Jesús, 1905. 156p.

195   Moneva y Puyol, Juan, *El clero en el Quijote*, Zaragoza: Tip. Mariano Salas, 1905. 70p.

196   Rodríguez-Arango Díaz, Crisanto, «El matrimonio clandestino en la novela cervantina», *Anuario de historia del derecho español* (Madrid), 25: 731-774 (1955).

197   Vilar, Jean-Pierre, «Don Quijote arbitrista (sobre la *reformación* en tiempos de Cervantes)», *BzRPh:* 124-129, Sonderheft, 1967.

198 —[Jean Vilar Berrogain] p. 68-71, et passim, *Literatura y economía, la figura satírica del arbitrista en el Siglo de Oro*, trad. del francés, Madrid: Revista de Occidente, 1973.

199 Vilar, Pierre, «Don Quichotte et l'Espagne de 1600, les fondements historiques d'un irréalisme», *BzRPh:* 207-216, Sonderheft, 1967.

200 —«El tiempo del *Quijote*», p. 429-448, *Crecimiento y desarrollo, economía e historia, reflexiones sobre el caso español*, trad. E. Giralt Raventós, Barcelona: Ediciones Ariel, 1964.

  .1 —«Le temps du *Quichotte*», *Europe:* 3-16, enero 1956.

201 Fernández Alvarez, Manuel, «El hidalgo y el pícaro», *Arbor*, 38: 362-374 (1957).

202 Salomon, Nöel, «Sobre el tipo del 'labrador rico' en el *Quijote*», *BzRPh:* 105-113, Sonderheft, 1967. —Institut d'études ibériques et ibéro-américaines de l'Université de Bordeaux, 1968. 9p.

203 Templin, E. H., «'Labradores' in the *Quijote*», *HR*, 30: 21-51 (1962).

204 Miquelarena, Jacinto, *Mesones y comidas en la época de Cervantes*, Buenos Aires: Publicaciones de estudios hispánicos, 1947. 31p.

205 Mateu y Llopis, Felipe, *Un comentario numismático sobre el «Don Quijote de la Mancha»*, Barcelona: Diputación provincial, Biblioteca central, 1949. 30p. —«Las monedas de Don Quijote y Sancho», *HCM*, II, p. 167-193.

206 Harden, Robert, «The coins in *Don Quixote*», *Studies in Philology*, 59: 524-538 (1962).

207 Herrero [García], Miguel, «Cervantes y la moda», *RdIE*, 6: 175-202 (1948).

  .1 Hoffman, E. Lewis, «Cloth and clothing in the Quijote», *KFLQ*, 10: 82-98 (1963).

---

208 Bonilla y San Martín, Adolfo, «Qué pensaron de Cervantes sus contemporáneos», p. 163-184, *Cervantes y su obra*, Madrid: Francisco Beltrán, 1916.

209 Herrero-García, Miguel, *Estimaciones literarias del siglo XVII*, p. 353-420, Madrid: Ed. Voluntad, 1930.

210 Navarro, Alberto, *El Quijote español del siglo XVII*, p. 255-321, Madrid: Ediciones Rialp, 1964.

211 Quilter, Daniel E., «The image of the *Quijote* in the seventeenth century», tesis inédita, Univ. of Illinois, 1962. 335p.

  .1 López Estrada, Francisco, «Don Quijote cn Lima», *AC*, 1: 332-336 (1951).

    V. además **020,** Rius, *BCC*, 3 (1905), p. 1-16.

---

212 Cotarelo y Mori, Emilio, *Sobre las imitaciones castellanas del «Quijote»*, discursos... Madrid: Real Academia Española, 1900. 52p. —p. 71-100, *Estudios de historia literaria de España*, Madrid: Imp. de la «Revista Española», 1901.

213 LaGrone, Gregory Gough, *The imitations of «Don Quixote» in the Spanish drama*, c. 1, Univ. of Pennsylvania series in romanic languages and literatures, n. 27, 1937.

    Sobre imitaciones, *V.* además **025, 028, 029.**

214 EL QUIJOTE APOCRIFO

    015, 031.1, 087, 475.1, etc.

  .1 Durán, Manuel, «El *Quijote* de Avellaneda», *SC*, p. 357-396.

  .2 Gilman, Stephen, *Cervantes y Avellaneda, estudio de una imitación*, trad. del original inédito por Margit Frenk Alatorre, Colegio de México, 1951. 182p.

  .3 —«The apocryphal *Quijote*», *CAC*, p. 256-263.

  .4 —«Alonso Fernández de Avellaneda, a reconsideration and a bibliography», *HR*, 14: 304-321 (1946).

  .5 Jones, Joseph R., «Notes on the diffusion and influence of Avellaneda's *Quijote*», *Hispania*, 56: 229-237 (1973).

  .6 Van Praag, J. A., «El falso *Quijote*», p. 353-368, *Litterae hispaniae et lusitanae*, Festschrift zum fünfzig-

jährigen Besteben des ibero-americanischen Forschun-
ginstituts der Universität Hamburg, hg. Hans Flasche,
München: Max Hueber, 1968.

.7 Riquer, Martín de, Introd., v. 1, ed. Clás. Cast., Madrid: Espasa Calpe, 1972. 3v.

.8 Salinero, Fernando G., Introd., ed. Clás. Castalia,
Madrid, 1971.

.9 Terrero, José, «Itinerario del *Quijote* de Avellaneda
y su influencia en el cervantino», *AC*, 2: 159-191 (1952).

EL QUIJOTE DEL SIGLO XVIII*. TEXTOS REPRE-
SENTATIVOS

(Estos textos representan el perfil trazado por las ideas
críticas aplicadas al libro de Cervantes o derivadas de él.)

215 Peter Anthony Motteux, «Translator's preface», *The
history of the renoun'd Don Quixote de la Mancha*,
London, 1700.

216 Alain-René Lesage, «Préface», *Nouvelles avantures de
l'admirable Don Quichotte...* París, 1704.

217 Sir Richard Steele, *The Tatler*, n. 178, 30 May 1710.

218 Anónimo, *Angenehmes Passe-Tems... «Don Quixo-
des»...* Frankfurt, Leipzig, 1734. Colección Bonsoms,
V. **021.1,** p. 251.

219 Gregorio Mayáns y Siscar, *Vida de Cervantes*, Briga-
Real [Madrid], 1737.

220 Johann Jakob Bodmer, «Von dem Character des Don
Quixote und des Sancho Panza», p. 518-547, *Kritische
Betrachungen über die poetischen Gemählde der Dich-
ter*, Zürich, Leipzig, 1741.

221 Charles Jarvis, «The translator's preface», *The life
and exploits of the ingenious gentleman Don Quixote
de la Mancha*, London, 1742.

222 Samuel Johnson, *The Rambler*, n. 2, 24 Mar 1750.
Lives of the poets, «Samuel Butler», 1779.

223 Henry Fielding, *The Covent-Garden Journal*, n. 24,
24 Mar 1752.

224 Cándido M. Trigueros, «Ensayo de comparación crítica entre el *Telémaco* de Mr. Fenelon y el *Don Quixote* de Miguel de Cervantes (1761)», *V.* Francisco Aguilar Piñal, «Un comentario inédito del *Quijote* en el siglo XVIII», *AC*, 8: 307-319 (1959-60).

225 Henry Brooke, *The fool of quality*, bk. 1, c. 4, London, 1766.

226 Voltaire, «Épopée, de l'Arioste» [Arioste y Cervantes], *Questions sur l'encyclopédie*, v. 5, 1771 [en *Dict. philosophique*].

227 Richard Graves, «Essay on Quixotism», *The spiritual Quixote*, v. 1, bk. 2, c. 4, London, 1773.

228 Friedrich Justin Bertuch, Prólogo a su trad. del *Quijote*, Weimar y Leipzig, 1775. —Rius, 1: 738, 3: 207-208.

229 Vicente de los Ríos, *Análisis del «Quijote»*, v. 1, ed. del *Quijote* de la Real Academia Española, Madrid, 1780.

230 Juan Pablo Forner, *Oración apologética por la España y su mérito literario*, p. 13-14, Madrid, 1786.
José Cadalso, *Cartas marruecas*, carta 61, Madrid, 1789.

231 Pedro Gatell, *La moral de Don Quixote*, Madrid, 1789, 1792.

232 Juan Antonio Pellicer, «Discurso preliminar», ed., Madrid, 1797, *V.* **009.**

233 Johan G. von Herder, «Von romantischen Charakteren», *Adrastea*, Tomo I (1801), *Sämtl. Wk.*, hg. Suphan (1885), v. 23, p. 175-185.
—«Wer war des grösseste Held?» trad. de Brooke, *Fool of quality* (1767), *V.* **231,** *Adrastea*, Tomo 3 (1802), *Sämtl. Wk.*, hg. Suphan (1885), v. 23, p. 409-414.

234 L'abbé de Feletz, «Don Quichotte» (1806) [sobre la trad. de Florian], *Le spectateur français au XIXe siècle*, París, 1805-1812. —*Mélanges de philosophie, d'histoire et de littérature*, v. 6, p. 23-54, París, 1830.

EL QUIJOTE DEL SIGLO XIX. TEXTOS REPRESEN-TATIVOS

(Los textos citados en esta sección, como en la anterior, tan sólo representan el perfil que trazaron las ideas críticas en torno al libro de Cervantes.)

ESPAÑA

235   Agustín García Arrieta, «Advertencia», *El espíritu de Miguel de Cervantes Saavedra*, Madrid, 1814.

236   José Mor de Fuentes, *Elogio de Miguel de Cervantes Saavedra, donde se deslindan y desentrañan radicalmente, y por un rumbo absolutamente nuevo, los primores incomparables del «Quijote»*, Barcelona, 1835.

237   Juan Francisco Siñeriz, «Prospecto», v. 1, *El Quijote del siglo XVIII, o historia de la vida, hechos, aventuras y fazañas de Mr. Le-Grand..., obra escrita en beneficio de' la humanidad y aplicada al siglo XIX*, Madrid, 1836.

238   Antonio Hernández Morejón, *Bellezas de medicina práctica... en «El ingenioso caballero Don Quijote de la Mancha»...*, Madrid, 1836.

239   Fermín Caballero, *Pericia geográfica de Miguel de Cervantes, demonstrada con la historia de Don Quijote de la Mancha*, Madrid, 1840.

240   [Teodomiro Ibáñez] T. Y., *Don Quijote de la Mancha en el siglo XIX*, Cádiz, 1861.

241   Nicolás Díaz de Benjumea, *La estafeta de Urganda, o aviso de Cid Asam-Ouzad Benenjeli sobre el desencanto del «Quijote»*, Londres, 1861.

242   Ramón Antequera, *Juicio analítico del «Quijote», escrito en Argamasilla de Alba*, Madrid, 1863.

243   Juan Valera, *Sobre el «Quijote» y sobre las diferentes maneras de comentarle y juzgarle*, discurso... Madrid, 1864.

244   Federico de Castro, «Cervantes y la filosofía española», *Boletín-Revista de la Universidad de Madrid*, 2: 709-717, 3: 789-805, 1101-1116, 1337-1340 (1870).

245 José María Asensio y Toledo, [sobre] «Sentido oculto del *Quijote*» (1871), «Cervantes inventor» (1874), *Cervantes y sus obras*, Barcelona, 1902.

246 Manuel de Revilla, «La interpretación simbólica del *Quijote*», *Ilustración española y americana*, 1875; en *Obras*, Madrid, 1883, p. 365-393.

.1 —«De algunas opiniones nuevas sobre Cervantes y el *Quijote*», *Ilustración española y americana*, 1879; en *Obras*, Madrid, 1883, p. 395-430.

247 Nicolás Díaz de Benjumea, *La verdad sobre el «Quijote», novísima historia crítica de la vida de Cervantes*, c. 14 a 18, Madrid, 1878.

248 José María de Pereda, «El cervantismo» (1880), en *Esbozos y rasguños*, v. 7, *Obras completas*, Madrid, 1887.

249 Felipe Picatoste y Rodríguez, «Don Juan, Don Quijote y Hamlet», c. 2, p. 49-79, *Don Juan Tenorio, estudios literarios*, Madrid, 1883.

250 Luis Vidart, *El «Quijote» y el «Telémaco», apuntes críticos*, Madrid, 1884.

251 Leopoldo Alas, «Clarín», «Del *Quijote*, notas sueltas» (1885), en *Siglo pasado*, Madrid [1901].

252 Emilio Pi y Molist, *Primores del «Don Quijote» en el concepto médico-psicológico y consideraciones generales sobre la locura para un nuevo comentario de la inmortal novela*, Barcelona, 1886.

253 Ramón León Máinez, *Cervantes y su época*, Jerez de la Frontera, 1901.

254 José María Asensio y Toledo, *Interpretaciones del «Quijote»*, discurso de recepción en la Real Academia Española..., contestación de Marcelino Menéndez y Pelayo, Madrid, 1904.

.1 —*Ed. nac. de las obras completas de Menéndez y Pelayo*, *Estudios y discursos de crítica histórica y literaria*, v. 1, Santander: Aldus, CSIC, 1941.

Europa y América

255 Friedrich Schlegel, sobre la trad. de Ludwig Tieck [1799], en *Seine prosaischen Jugendschriften*, hg. Minor, v. 2, p. 314-316, Wien, 1906.

256 Friedrich W. J. von Schelling, en *Philosophie der Kunst* [1802-05], *Sämtl. Wk.*, v. 5, p. 669-687 [Ariosto, Cervantes, Goethe], Stuttgart-Augsburg, 1859.

257 William Hazlitt, «Standard novels and romances», *(Edinburgh Review*, 1815) en *Lectures on the English comic writers, Complete works*, ed. Howe, v. 6, p. 106 y ss., London, 1931. —Trad. Ricardo Baeza, *Sur*, 16, n. 158: 102-106 (1947).

258 Karl Wilhelm Ferdinand Solger, *Erwin*, p. 233-4, Berlin, 1815.

259 Samuel Taylor Coleridge, Lecture 8 (1818), *Miscellaneous criticism*, p. 98-110, ed. T. M. Raysor, Harvard Univ. Press, 1936. —Trad. Enrique L. Revol, *Sur*, 16, n. 158: 97-101 (1947).

260 Sir Walter Scott, *Essays on chivalry, romance* (1818), *Miscellaneous prose works*, v. 6, Edinburgh, 1834. *V.* **310.**

261 Georg Wilhelm F. Hegel, *Vorlesungen über die Aesthetik* [182-], *Sämtl Wk.*, hg. Hermann Glockner, v. 13, p. 213-215, Stuttgart, 1928.
—en Rius, 3 (1905), p. 219-220; *V.* **020.**
—texto inglés: *Philosophy of fine art*, trad. F. P. B. Osmaston, v. 2, p. 373-375, London, 1920.

262 John Gibson Lockhart, comentario crítico en el ensayo sobre la vida y obras de Cervantes y en las notas a su edición de la trad. de Motteux, Edinburgh, 1822, 5v.

263 Prosper Mérimée, «Cervantès» (1826), en *Portraits historiques et littéraires*, 2.ª ed., París, 1874.

264 Louis Viardot, «Notice sur la vie et les ouvrages de Cervantès», *Don Quichotte*, v. 1, París, 1836-7.

265 Henry David Inglis, *Rambles in the footsteps of Don Quixote*, London, 1837.

266 Heinrich Heine, «Einleitung zum *Don Quixote*», v. 1, trad. de Stuttgart, 1837; *Sämtl. Wk.*, hg. Oskar Walzel, v. 8, Leipzig, 1915.

—*Revista contemporánea*, trad. Augusto Ferrán, 11: 176-194 (1877).

—*Sur*, trad. Enrique Diez Canedo, 16, n. 158: 107-124 (1947). —*AC*, 4: 371-388 (1954).

—Trads. al inglés: —S. L. Fleishman en *Prose writings of Heinrich Heine*, p. 243-267, ed. Havelock Ellis, London, 1887.

—*Temple Bar*, trad. anónimo, 48: 235-249 (Sept. 1876).

—Francis Storr, v. 1, *Don Quixote*, trad. de Watts, London, 1888, Appendix E.

267 Charles Auguste Hagberg, *Cervantès et Walter Scott, parallèle littéraire*, Lund, 1838, 16p.

268 Théophile Gautier, *Histoire de l'art dramatique en France depuis vingt-cinq ans* (1843), 3e série, París, 1859, p. 110-114.

269 Gustave Flaubert, *Correspondance*, 3e série, cartas 22 nov. 1852 y 28 agosto 1853, *Oeuvres complètes*, París, 1926-33.

270 Eugène Baret, «Cervantès», *Espagne et Provence*, París, 1857, p. 323 y ss.

271 Ivan Turgenev, «Gamlet i Don-Kikhot» («Hamlet y Don Quijote»), *Sovremennik*, 79: 239-258 (1860).

—*Revista contemporánea*, 23: 453-471 (1879). —*España moderna*, a. 6, n. 68: 52-68 (1894).

—*Sur*, trad. León Urwantzoff, 16, n. 158: 125-146 (1947).

—Trads. al inglés: Robert Nichols, London [1930]. 31p.

William A. Drake, en *Anatomy of «Don Quixote»*, p. 98-120; *V*. **087**.

Sobre otras trads. *V*. **026** y **031.1.**

272 Victor Hugo, «Les génies» (1864), *William Shakespeare, Oeuvres complètes, Littérature et philosophie*, París [1880], p. 63-64.

273 Charles Auguste Sainte-Beuve, «*Don Quichotte*, traduction de Viardot; dessins de Gustave Doré», *Nouveaux Lundis*, 9, 16 [y] 23 mai 1864.

274 Émile Chasles, *Michel de Cervantès, sa vie, son temps, son oeuvre politique et littéraire*, París, 1866, c. 7.

275 Amenodoro Urdaneta, *Cervantes y la crítica*, Caracas, 1877. 608p.

276 Edmund Dorer [ed.], *Cervantes und seine Werke nach deutschen Urtheilen*, Leipzig, 1881.

277 Juan Montalvo, *El buscapié*, prólogo de un libro inédito titulado *Ensayo de imitación de un libro inimitable, o capítulos que se le olvidaron a Cervantes*, Besanzon, 1882.

278 James Russell Lowell, «Don Quixote» en *Democracy and other addresses*, Boston & New York, 1887.

279 Francis Thompson, «Don Quixote», *The Academy* (London), 18 sept. 1897, p. 220-221.

EL QUIJOTE ESPAÑOL DEL SIGLO XX

280 Azaña, Manuel, «Cervantes y la invención del *Quijote*» (1930), p. 5-72, *La invención del «Quijote» y otros ensayos*, Madrid-Barcelona: Espasa-Calpe, 1934. —México: Ateneo español de México, 1955. —*Obras completas*, ed. Juan Marichal, 1: 1097-1114, México: Ediciones Oasis, 1966.
—«El león, Don Quijote y el leonero» (1922), *Obras completas*, ed. Juan Marichal, 1: 448-451 [sobre Unamuno].

281 Ganivet, Angel, *Idearium español* [conclusión], Granada [Tip. Lit. Vda. e Hijos de Paulino V. Sabatel]: 1897.

282 Machado, Antonio, «*Las Meditaciones del 'Quijote'* de José Ortega y Gasset», *La Lectura*, 15: 52-64 (1915).

283 Martínez Sierra, Gregorio, *La tristeza del «Quijote»*, Madrid: Biblioteca nacional y extranjera, 1905. 28p.

284 Maeztu, Ramiro de, «Don Quijote o el amor», en *Don Quijote, Don Juan y La Celestina*, Madrid: Calpe, 1926. 289p.
—*Don Quijote o el amor, ensayos en simpatía*, ed., estudio y notas de Alberto Sánchez, Madrid: Ediciones Anaya, 1969. 153p.

285 Ortega y Gasset, José, «Meditación preliminar», *Meditaciones del «Quijote»*, véase el n. **092.**

286 Martínez Ruiz, José, «Azorín», *La ruta de Don Quijote*, Madrid: Biblioteca nacional y extranjera, 1905. 210p.
—«Sobre el *Quijote*», en *Los valores literarios*, p. 7-13, Madrid-Buenos Aires, Renacimiento, 1913.
—«Al margen del *Quijote*», *Al margen de los clásicos*, p. 73-83, Madrid: Publicaciones de la Residencia de estudiantes, 1915.
—*Con permiso de los cervantistas*, Madrid: Biblioteca Nueva, 1948, 241p.

287 Ramón y Cajal, Santiago, «La psicología de Don Quijote de la Mancha y el quijotismo», p. 37-59, *Discursos...* en la sesión solemne que el Colegio de Médicos de la Provincia de Madrid dedica a... Cervantes, Madrid: Imp. de J. A. García, 1905. —Madrid: N. Maya, 1905, 14p.

288 Unamuno, Miguel de, *Vida de Don Quijote y Sancho, según Miguel de Cervantes Saavedra, explicada y comentada*, Madrid: Fernando Fe, 1905. 427p.
—Véanse los textos reunidos en *Obras completas*, v. 5, p. 589 y ss., Madrid: Afrodisio Aguado, 1952; los textos citados en la bibliografía del n. **297.2** y los textos reunidos en: *Our Lord Don Quixote, the life of Don Quixote and Sancho, with related essays*, trad. A. Kerrigan, Princeton University Press, 1967, Bollingen series 85.

---

289 Casares, Julio, «Las tres edades del *Quijote*», *BRAE*, 27: 43-60 (1947-8).

290 Castro, Américo, «Españolidad y europeización del *Quijote*», prólogo, ed. de Editorial Porrúa, México, 1962.

291 Cernuda, Luis, «Cervantes» (1940), p. 11-42, *Poesía y literatura*, II, Barcelona: Seix Barral, 1964.

292 Garciasol, Ramón de, *Claves de España: Cervantes y el «Quijote»*, Madrid: Espasa-Calpe, 1969. 259p. Colección Austral.

293 Madariaga, Salvador de, «Don Quijote, europeo», *RdO*, 2.ª ép., a. 5, 16, n. 48: 257-276 (1967).

294 Maldonado de Guevara, Francisco, *La «maiestas» cesárea en el «Quijote»*, Madrid: CSIC, 1948. 102p.

295 Río, Angel del, «Quijotismo y cervantismo, el devenir de un símbolo», *Revista de Estudios Hispánicos*, 1: 241-267 (1928).

296 Rosales, Luis, *Cervantes y la libertad*, Madrid: Gráficas Valera, 1959-60. 2v.

297 ESTUDIOS DE CONJUNTO

.1 Barck, Karlheinz, «Don Quijote, arquetipo nacional», *BzRPh*, 161-168, Sonderheft, 1967.

.2 Descouzis, Paul Marcel, *Cervantes y la generación del 98, la cuarta salida de Don Quijote*, Madrid: Ediciones Iberoamericanas, 1970. 158p. —«Don Quijote y la generación del 98», tesis inédita, University of Maryland, 1959. 175p.

.3 García Morejón, Julio, «El Quijote y la generación del 1898», *Miscêlanea «Universitas»* (Sorocaba), 2: 7-27 (1956). —«Perfiles de Don Quijote», *Paideia* (Sorocaba), 2: 147-156 (1955).

.4 Porqueras-Mayo, Alberto, «El *Quijote* en un rectángulo del pensamiento moderno español, notas sobre las actitudes de Unamuno, Ortega, Madariaga y Maeztu», *RHM*, 28: 26-35 (1962). —p. 141-156, *Temas y formas de la literatura española*, G-BRH, 1972.

.5 Terterian, Iona, «Sobre algunas interpretaciones del *Quijote* en la España del siglo xx», *BzRPh*, 169-173, Sonderheft, 1967.

.6 —«Interpretaciones filosófico-psicológicas del *Quijote* y la lucha de ideas en la España del siglo xx», en ruso, p. 54-85, *CLM*.

298 AZORÍN

.1 Balseiro, José A., «Azorín y Cervantes», *MLJ*, 19: 501-510 (1935).
.2 Descouzis, Paul, «Azorín, alférez de Cervantes», *Hispania*, 52: 21-25 (1969).
.3 Catena, Elena, «Azorín, cervantista y cervantino», *AC*, 12: 73-113 (1973).

299 UNAMUNO*

.1 Gómez de Ortega, Ricardo, «Don Miguel de Unamuno y su ensayo 'El sepulcro de Don Quijote'», *BSS*, 1: 43-48 (1924).
.2 Balseiro, José A., «The Quixote of contemporary Spain, Miguel de Unamuno», *PMLA*, 49: 645-656 (1934). —*El Quixote de la España contemporánea*, Madrid: Imp. Ernesto Giménez, 1935.
.3 González Vicen, Felipe, «La figura de Don Quijote y el donquijotismo en el pensamiento de Miguel de Unamuno», *RF*, 57: 192-227 (1943).
.4 García Bacca, Juan David, «Cómo Don Quijote salvaba su fe y su conciencia...», p. 7-34, *Homenaje a Cervantes*, Centro de estudios filosóficos de la Universidad nacional autónoma de México, 1948. —*Cervantes* [homenaje], p. 131-167, Caracas: Universidad central, 1949. *V.* además el n. **031**, p. 110-111.
.5 Blanco Aguinaga, Carlos, «Unamuno, Don Quijote y España», *CuadA*, 11, n. 6: 204-216 (1952).
.6 Emmanuel, Pierre, «La théologie quichottesque d'Unamuno», *Esprit* (París), a. 24, n. 9: 345:355 (1956).
.7 Salcedo, Emilio, «El primer asedio de Unamuno al *Quijote* (1889-1895)», *AC*, 6: 227-250 (1957).
.8 Catalán, Diego, «Tres Unamunos ante un capítulo del *Quijote* (II.58)», *Cuadernos de la Cátedra Miguel de Unamuno*, 16-17: 37-74 (1966-7).
.9 King, Willard F., «Unamuno, Cervantes y *Niebla*», *RdO*, 2.ª ép., a. 5, n. 47: 219-231 (1967).
.10 Basdekis, Demetrios, «Cervantes in Unamuno, toward a clarification», *RR*, 60: 178-185 (1969).

DIFUSION, RELACIONES LITERARIAS, INTERPRETACIONES. Libros y artículos publicados 1900-1975

300   DE CONJUNTO*

Rius, *BCC*, 3 (1905), **020.**

.1   Schevill, Rudolph, «Three centuries of *Don Quixote*», *Univ. of California Chronicle*, 15: 181-206 (1913).

.2   Icaza, Francisco A. de, *El «Quijote» durante tres siglos*, Madrid: Imp. de Fortanet, 1918. 229p.

.3   Domínguez Berrueta, Juan, «El *Quijote* a través de los siglos», *Nosotros*, 33: 214-218 (1919).

.4   Petriconi, Helmuth, «Kritik und Interpretation des *Quijote*», *Die neueren Sprachen*, 34: 329-342 (1926).

.5   Meier, Harri, «Zur Entwicklung der europäischen *Quijote*-Deutung», *RF*, 54: 227-264 (1940).

.6   García Blanco, Manuel, «Algunas interpretaciones modernas del *Quijote*», *RdIE*, 6: 137-166 (1948).

.7   Real de la Riva, César, «Historia de la crítica e interpretación de la obra de Cervantes», *RFE*, 32: 107-150 (1948).

.8   Clavería, Carlos, «Les mythes et les thèmes espagnols dans la littérature universelle», *Cahiers d'Histoire Mondiale*, 6: 969-989 (1961).

301   NOVELA MODERNA

Cook, **104;** Gottfried, **370.**

.1   Alonso, Dámaso, «La novela española y su contri-

65

bución a la novela realista moderna», *Cuadernos del idioma* (Buenos Aires), 1: 17-43 (1965).

—«The Spanish contribution to the modern European novel», *Cahiers d'Histoire Mondiale*, 6: 878-897 (1961).

.2 Levin, Harry, «The Quixotic principle: Cervantes and other novelists», *Harvard English Studies*, 1: 45-66, 1970.

—«Cervantes, el quijotismo y la posteridad», *SC*, p. 377-396.

.3 Alter, Robert, *Partial magic, the novel as a self-conscious genre*, c. 1, Univ. of Calif. Press, 1975.

302 COMPARACIONES

.1 Faure, Élie, «Cervantès», p. 115-151, *Montaigne et ses trois premiers-nés* (Shakespeare, Cervantès, Pascal), París: G. Crès et Cie., 1926.

.2 Vianna Moog, Clodomir, *Heróis da decadência: Petrônio, Cervantes, Machado de Assis*, p. 63-103 (1.ª ed., 1939), 2.ª ed., Río de Janeiro: Editora Civilização Brasileira, 1964.

.3 Chaix-Ruy, Jules, «Cervantès, G. Flaubert e L. Pirandello», *AC*, 6: 123-132 (1957).

4. Petriconi, Helmuth, «Roland, Don Quijote und Simson», *RJ*, 12: 209-228 (1961).

.5 Nencioni, Enrico, «Le tre pazzie (Orlando, Lear, Don Quijote)» [1881], p. 143-173, *Saggi critici di letteratura italiana*, Firenze: Suc. de Le Monnier, 1898.

.6 Serrano Plaja, Arturo, *Realismo «mágico» en Cervantes*, «Don Quijote» visto desde «Tom Sawyer» y «El Idiota»*, Madrid: Gredos, 1967. 236p.

—«*Magic» realism in Cervantes: «Don Quixote» as seen through «Tom Sawyer» and «The Idiot»*, tr. R. S. Rudder, Univ. of California Press, 1970.

.7 Casseres, Benjamin, «Trois modes d'évasion spirituelle» [Cervantes, Jules de Gaultier, J. B. Cabell], *Mercure de France*, serie moderne, 222: 5-17 (1930). *V.* **322.2.**

INGLATERRA

303 SHAKESPEARE

V. **191, 249, 271, 284,** etc.

.1 Ardura, Ernesto, «Shakespeare and Cervantes», *Americas*, 7: 14-18 (Nov. 1955).

.2 González Ruiz, Nicolás, *Dos genios contemporáneos, Cervantes y Shakespeare*, Barcelona: Ed. Cervantes, 1945. 160p.

.3 Crocker, Lester G., «*Hamlet, Don Quijote, La vida es sueño*, the quest for values», *PMLA*, 69: 278-313 (1954).

.4 Kelly, James Fitzmaurice, «Cervantes and Shakespeare», *Proceedings of the British Academy*, 7: 297-317 (1916).

.5 Madariaga, Salvador de, «Hamlet and Don Quixote», *Shakespeare Quarterly* (London), 1: 22-25 (1948).

.6 Trinker, Martha K., *Las mujeres en el «Don Quijote» de Cervantes comparadas con las mujeres en los dramas de Shakespeare*, México: Ed. Cultura, 1938. 118p.

.7 Verbitsky, Bernardo, *Hamlet y Don Quijote*, ensayo, Buenos Aires: Ed. Jamcana, 1964. 130p.

.8 Walsh, James J., «Cervantes, Shakespeare, and some historical backgrounds», *Catholic World*, 103: 38-42 (1916).

.9 Freehafer, John, «Cardenio, by Shakespeare and Fletcher», *PMLA*, 84: 501-513 (1969).

.10 Frazier, Harriet C., «Shakespeare, Cervantes, and Theobold: an investigation into the *Cardenio-Double falsehood* problem», tesis inédita, Wayne State Univ. (Detroit, Mich.), 1967.
—*A babble of ancestral voices, Shakespeare, Cervantes, and Theobald*, The Hague-Paris: Mouton, 1974 Studies in English literature, v. 73. 161p.

304 SIGLO XVII Y VISTA GENERAL*

.1 Koeppel, Emil, «Don Quixote, Sancho Panza und Dulcinea in der englischen Litteratur bis zur Restauration (1600)», *Archiv für das Studium der neueren Sprachen und Litteraturen*, 101 (1.º de nueva serie): 87-98 (1898).

.2 Becker, Gustav, *Die Aufnahme des Don Quijote in die englische Litteratur (1605 bis c. 1770)*, Inaugural-Dissertation, Berlín, 1902. —Palaestra 13, Berlín: Mayer & Müller, 1906. 264p.

.3 Kelly, James Fitzmaurice, «Cervantes in England», *Proceedings of the British Academy*, 1905-06, p. 11-29. —London: Henry Frowde, 1905. 19p.

.4 Schevill, Rudolph, «On the influence of Spanish literature upon English in the early 17th century», *RF*, 20: 604-634 (1907); sobre Beaumont, p. 617-626.

.5 Armas [y Cárdenas], José de, *Cervantes en la literatura inglesa*, Madrid: Imp. Renacimiento, 1916. 38p. —**191,** p. 187 y ss.

.6 Knowles, Edwin B., «*Don Quixote* through English eyes», *Hispania*, 23: 103-115 (1940).

.7 —«Allusions to *Don Quixote* before 1660», *PQ*, 20: 573-586 (1941).

.8 —«Cervantes y la literatura inglesa», *Realidad*, a. 1, 2: 268-297 (1947).

.9 —«Cervantes and English literature», *CAC*, p. 277-303.

.10 Perry, William, «*The Curious Impertinent* in *Amends for Ladies*», *HR*, 14: 344-353 (1946).

.11 Entwistle, William J., «Un 'Quijote' inglés», *HCInsula*, 79-85 (1947).

.12 —«Reflexiones de la crítica inglesa sobre Cervantes», *RUBA*, 2, n. 8: 579-590 (1948).

.13 Peers, E. Allison, «Cervantes en Inglaterra», *HCM*, II, p. 267-286.

.14 —*Cervantes in England*, Liverpool: Institute of hispanic studies, 1947. —*BSS*, 24: 226-238 (1947).

—*Dublin Review*, n. 441: 20-27 (autumn 1947).

—pp. 239-242, *Saint Teresa of Jesus and other essays and addresses*, London: Faber and Faber, 1953.

.15 Wilson, Edward M., «Cervantes and English literature of the seventeenth century», *BulHisp*, 50: 27-52 (1948).

.16 —«Edmund Gayton on Don Quixote, Andrés, and Juan Haldudo», *CL*, 2: 64-72 (1950).

.17 Randall, Dale B. J., *The golden tapestry*, p. 83-94, Duke Univ. Press, 1963.

.18 Siles Artés, José, «La influencia de *Don Quijote* en *Hudibras*», *Filología Moderna*, 5, n. 19-20: 185-192 (1965).

.19 Burton, A. P., «Cervantes the man seen through English eyes in the seventeenth and eighteenth centuries», *BHS*, 45: 1-15 (1968).

.20 Russell, P. E., «*Don Quixote* as a funny book», *MLR*, 64: 312-326 (1969).

.21 Bawcutt, N. W., «*Don Quixote*, Part I, and the *Duchess of Malfi*», *MLR*, 66: 488-491 (1971).

.22 Gale, Steven H., «The relationship between Beaumont's *The Knight of the Burning Pestle* and Cervantes' *Don Quixote*», *AC*, 11: 87-96 (1972). *V*. Schevill, supra.

305 SIGLO XVIII

.1 Booth, Wayne C., «The self-conscious narrator in comic fiction before *Tristram Shandy*», *PMLA*, 67: 163-185 (1952).

.2 Small, Miriam Rossiter, *Charlotte Ramsay Lennox, an eighteenth century lady of letters*, c. 3, «*The Female Quijote* and other Quixotic imitations of the eighteenth century», *Yale studies in English*, v. 85, 1935. —Reprint, Archon Books, 1969.

.3 Singleton, Mack, «Cervantes, Locke, and Dr. Johnson», p. 531-547, I, *Studia Hispanica in Honorem R. Lapesa*, Madrid: Gredos, 1972.

.4 Starkie, Walter F., «Cervantes y la novela inglesa», *HCM*, II, p. 351-363.

.5   —«Miguel de Cervantes and the English novel», *Essays by divers hands*, new series, 34: 159-179 (1966).

.6   Tave, Stuart M., *The amiable humorist*, c. 7, Univ. of Chicago Press, 1960.

.7   Navarro González, Alberto, *Robinson y Don Quijote*, Madrid: Ateneo, 1962. 57p.

.8   Close, Anthony, «Don Quixote as a burlesque hero: a re-constructed eighteenth-century view», *Forum for Modern Language Studies*, 10: 365-378 (1974).

.9   Cox, Ralph Merritt, *The Rev. John Bowle, the genesis of cervantean criticism*, Univ. of North Carolina studies in romance languages and literatures, n. 99, 1971.
     —«The Rev. John Bowle: the first editor of *Don Quixote*», *Studies in Philology*, 67: 103-115 (1970).

.10   Staves, Susan, «Don Quixote in eighteenth-century England», *CL*, 24: 193-215 (1972). *V AC*, 12: 266-267 (1973).

306 Fielding

.1   Brooks, Douglas, «The interpolated tales in *Joseph Andrews* again», *MPh*, 65: 208-213 (1967-8).

.2   Buck, Gerhard, «Written in Imitation of the Manner of Cervantes», *Germanische- Romanische Monatsschrift*, 29, n. 1-3: 53-61 (1941).

.3   Goldberg, Homer, *The art of «Joseph Andrews»*, p. 27 y ss., et passim, Univ. of Chicago Press, 1969.

.4   —«The interpolated stories in *Joseph Andrews*», *MPh*, 63: 295-310 (1965-6).

.5   Kayser, Wolfgang, «Origen y crisis de la novela moderna (Cervantes y Fielding)», *Cultura Universitaria*, n. 47: 5-47 (1955).

.6   Parker, Alexander A., «Fielding and the structure of *Don Quixote*», *BHS*, 33: 1-16 (1956).

.7   Pons, Émile, «Fielding, Swift et Cervantès (De *Don Quixote in England à Joseph Andrews*)», *Studia Neophilologica*, 15: 305-333 (1943).

.8   Penner, Allen R, «Fielding and Cervantes, the contri-
      bution of *Don Quixote* to *Joseph Andrews* and *1 om
      Jones*», tesis inédita, Univ. of Colorado, 1965. 222p.

9.   —«Fielding's adaptation of Cervantes' knight and
      squire, the character of Joseph», *RLC*, 41: 508-514
      (1967).

.10   Unamuno, Miguel de, «Glosa a un pasaje del cervan-
      tino Fielding» (1917), *Obras completas*, V, p. 612-616,
      Madrid: Afrodisio Aguado, 1952.

.11   Elistraton, A., «H. Fielding y el *Quijote*», *CLM*, en
      ruso, p. 117-140.

307 SMOLLETT

.1   Aubrun, Charles V., «Smollett et Cervantès», *Études
      Anglaises*, 15: 122-129 (1962).

.2   Linsalata, Carmine R., *Smollett's hoax: Don Quixote
      in England*, Stanford Univ. Press, 1956. ix, 116p.

308 STERNE

.1   Stedmond, John M., *The comic art of Laurence Sterne*,
      Univ. of Toronto Press, 1967. Consúltese el índice,
      p. 173.

.2   Stout, G. D. Jr., «Some borrowings in Sterne from
      Rabelais and Cervantes», *English Language Notes*, 3:
      111-118 (Dec. 1965).

.3   Sterne, Laurence: *A sentimental journey through France
      and Italy by Mr. Yorick*, ed. Gardner D. Stout, Jr.,
      Univ. of California Press, 1967. Consúltese el índice.

309 SIGLO XIX

.1   McDonald, W. U. Jr., «Inglis' *Rambles:* a romantic
      tribute to Don Quixote», *CL*, 12: 33-41 (1960).

.2   —«Hazlitt's use of *Don Quixote* allusions», *Romance
      Notes*, 2, n. 1: 27-30 (1960).

.3   Sarmiento, Edward, «Wordsworth and Don Quixote», *BHS*, 38: 133-119 (1961).

.4   Efron, Arthur, «Satire denied, a critical history of English and American *Don Quixote* criticism», tesis inédita, Univ. of Washington, 1964.

310   SCOTT

.1   McDonald, W. U. Jr., «Scott's conception of Don Quixote», *Midwest Review*, March 1959: 37-42.

.2   Wolfe, Clara S., «Evidences of Scott's indebtedness to Spanish literature», *RR*, 23: 301-311 (1932).

311   DODGSON

.1   Hinz, John, «Alice meets the Don», *South Atlantic Quarterly*, 52: 253-266 (1953).

.2   Boynton, Mary Fuertes, «An Oxford Don Quixote», *Hispania*, 47: 738-750 (1964).

312   DICKENS**

.1   Wagner, Horst, «Zur Frage der Erzähleinschübe im *Don Quijote* und in den *Pickwick Papers*», *Arcadia*, 9: 1-22 (1974).

.2   Gale, Steven H., «Cervantes' influence on Dickens, with comparative emphasis on *Don Quijote* and *Pickwick Papers*», *AC*, 12: 135-156 (1973).

.3   Welsh, Alexander, «Waverly, Pickwick, and Don Quixote», *Nineteenth Century Fiction*, 22: 19-30 (1967-8).

.4   Ashbee, H. S., «*Don Quixote* and *Pickwick*», *RHisp*, 6: 307-310 (1899).

313-314   SIGLO XX

.1   Greene, Thomas, «[D. H.] Lawrence and the Quixotic hero», *Sewanee Review*, 59: 559-573 (1951).

FRANCIA

315-316 RABELAIS, MONTAIGNE

.1 Burnet, Étienne, *Don Quichotte, Cervantès et le XVIe siècle*, p. 186-210, Tunis: Edition Calypso, 1954.

.2 Guiter, H., «De Rabelais à Cervantès, ou le héros de la démesure», *Bulletin de l'Association Guillaume Budé*, 4 série, p. 579-622 (Dic. 1960).

.3 Hatzfeld, Helmut, «Puntos de contacto artísticos entre Cervantes y Rabelais», *BBMP*, 9: 210-227 (1927). —**124,** p. 303-320. —*JP*, 1: 355-372 (1925).

.4 O'Kane, Eleanor, «The proverb: Rabelais and Cervantes», *CL*, 2: 360-369 (1950).

317 VISTA GENERAL Y SIGLO XVII

.1 Bardon, Maurice, *«Don Quichotte» en France au XVIIe et au XVIIIe siècle, 1605-1815*, París: Honoré Champion, 1931. 2v. —Reprint, New York, Burt Franklin [1971].

.2 —*Critique du livre de Dom Quichotte de la Manche, par Pierre Perrault*, 1679, manuscrit publié avec introduction et notes par... Thèse, Doctorat-ès-Lettres, París: Presses Modernes, 1930. 275p.

.3 Bidou, Henry, «Ce que nos aïeux ont pensé de Don Quichotte», *Conferencia, Journal de l'Université des Annales*, a. 18, n. 7: 303-316 (1924).

.4 Crooks, Esther J., *The influence of Cervantes in France in the seventeenth century*, Johns Hopkins Press, 1931. 271p.

.5 —«Translations of Cervantes into French», *CAC*, p. 304-314.

.6 Hainsworth, Georges, «Cervantès en France», *Bul Hisp*, 34: 128-144 (1932).

.7 Kaplan, David, «The lover's test theme in Cervantes and Madame de Lafayette», *French Review*, 26: 285-290 (1952-3).

.8   Instituto Francés en España, *Don Quijote en Francia*, Catálogo de la exposición, Madrid, mayo-junio 1947. [Madrid: Orriel.] 36p., con láminas, y una hoja de adiciones y correcciones.

.9   Neumann, Max-Hellmut, «Cervantes in Frankreich (1582 bis 1910)», aus dem Nachlass hg. Adalbert Hämel, *RHisp*, 78: 1-309 (1930).

318   SIGLO XVIII

.1   Sarrailh, Jean, «Lesage, adoptateur d'Avellaneda», *BulHisp*, 66: 359-362 (1964). *V.* **214.5.**

.2   Bertrand, J. J. A., «Florián, cervantista», *AC*, 5: 343-362 (1955-6).

.3   Morley, S. Griswold, «Notes on Spanish sources of Molière», *PMLA*, 19: 270-290 (1904).

.4   Ramírez, Alejandro, «Cervantes dans *L'Encyclopédie*», *Romance Notes*, 12: 407-412 (1971).

319-320   SIGLO XIX

.1   Bardon, Maurice, «*Don Quichotte* et le roman réaliste français: Stendhal, Balzac, Flaubert», *RLC*, 16: 63-81 (1936).

.2   —«*Don Quichotte* en France, l'interprétation romantique», *Lettres Romanes*, 3: 263-282 (1949), 4: 95-117 (1950).

.3   Bertrand, J. J. A., «Génesis de la concepción romántica de Don Quijote en Francia», *AC*, 3: 1-41 (1953), 4: 41-76 (1954), 5: 79-142 (1955).

.4   Girard, René, «Problèmes de technique chez Stendhal, Cervantès et Flaubert», c. 6, *Mensonge romantique et vérité romanesque*, París: B. Grasset, 1961.

.5   Levin, Harry, *The gates of horn, a study of five french realists*, Stendhal, Balzac, Flaubert... New York: Oxford Univ. Press, 1963, p. 41-50, et passim. Consúltese el índice.

.6 Sarrailh, Jean, *Cervantes et Anatole France*, discours
d'usage prononcé à la rentrée solenelle de l'Université
de Poitiers [Nov. 1934], 1935. 26p.

.7 Wurzbach, Wolfgang von, «Jules Sandeau über den
Don Quixote», *ZfRPh*, 47: 603-605 (1927).

321 BALZAC

.1 Benito, José de, «El quijotismo de Balzac», p. 265-
298, *Hacia la luz del Quijote*, Madrid: Aguilar, 1960.

.2 Durand, René L.-F., *Balzac y Don Quijote*, Caracas:
Publicaciones de la Dirección de cultura universitaria
de la Universidad Central de Venezuela, 1950.

.3 Baquero Goyanes, Mariano, «Cervantes, Balzac y la
voz del narrador», *Atlántida* (Madrid), 1, n. 6: 579-
596 (1963).

322 FLAUBERT

302.3.

.1 Alarcos Llorach, Emilio, «La interpretación de *Bou-*
vard et Pécuchet de Flaubert y su quijotismo», *CuadL*,
4, n. 10-12: 139-176 (1948).

.2 Genil-Perrin, Georges, [y] Madeleine Lebreuil, «Don
Quichotte paranoïaque et le bovarysme de Don Quichotte», *Mercure de France*, 262: 45-57 (1935).

.3 Hatzfeld, Helmut, «*Don Quijote* y *Madame Bovary*»,
p. 322-337, *Estudios de literaturas románicas*, Barcelona: Planeta, 1972. —**124,** p. 346-362. —«Don Quijote
und Mme Bovary», *JP*, 3: 54-116 (1927).

323 SIGLO XX

.1 Boulanger, Maurice, «Cervantès et Bergson», *Lettres*
Romanes, 1: 277-296 (1947).

324 PROUST

    Levin, **301.2.**

ALEMANIA

325 VISTA GENERAL*

.1   Berger, Tjard W., «*Don Quixote*» *in Deutschland und sein Einfluss auf den deutschen Roman, 1613-1800*, Inaugural-Dissertation, Heidelberg, 1908. 102p.

.2   Neumann, Max-Hellmut, «Cervantes in Deutschland», *Die neueren Sprachen*, 25: 147-162, 193-213 (1917).

.3   Schwering, Julius, «Cervantes, *Don Quijote* und der Kampf gegen den Roman in Deutschland», *Euphorion*, 29: 497-503 (1928).

.4   Bergel, Lienhard, «Cervantes in Germany», *CAC*, p. 315-352.

326 TRADUCCIONES

.1   Melz, Christian F., *An evaluation of the earliest German translation of* «*Don .Quixote*», «*Juncker Harnisch aus Fleckenland*», Univ. of California publications in modern philology, v. 27, n. 5, p. 301-342 (1945). *V.* **019.**

327 AUTORES, SIGLOS XVII, XVIII

.1   Schweitzer, Christoph E., «Harsdörffer and *Don Quixote*», *PQ*, 37: 87-94 (1958).

.2   Tropsch, Stephan, «Wielands Don Sylvio und Cervantes' Don Quijote», *Euphorion*, Ergänzungsheft 4: 32-61 (1899).

328 GOETHE

.1 Bickermann, Joseph, *Don Quijote y Fausto, los héroes y las obras*, trad. Félix García, Barcelona: Ediciones Araluce, 1932. xxix, 422p.
—*Don Quijote und Faust, die Helden und die Werke*, Berlín: A. Collignon, 1929. 402p.

329-330.1-.2.

329-330 SIGLO XIX, ROMANTICISMO

.1 Bertrand, J. J. A., *Cervantès et le romantisme allemand*, París: Libr. Félix Alcan, 1914. viii, 636p.
.2 —*Cervantes en el país de Fausto*, Madrid: Ediciones Cultura Hispánica, 1950. 230p.
.3 —«Bouterwek», *AC*, 7: 261-274 (1958).
.4 «Renacimiento del cervantismo romántico alemán», *AC*, 9: 143-167 (1961-2).
.5 Brüggemann, Werner, *Cervantes und die Figur des Don Quijote in Kunstanschauung und Dichtung der Deutschen Romantik*, Münster/Westfalen: Aschendorff, 1958. viii, 380p.
.6 —«Friedrich Schlegel y su concepción de la literatura española como quintaesencia del arte romántico», *Filología Moderna*, 15-16: 241-264 (1964).
.7 Juretschke, Hans, «Perspectivas germánicas de Cervantes», *RdL*, 13: 239-245 (1958).
.8 Lerch, Eugen, «Don Quixote im Spiegel», *Die neue Rundschau*, 27: 1103-1114 (1916).
.9 Mirabent, F., «Sobre un aspecto del cervantismo alemán», *RdIE*, 10: 115-139 (1952).
.10 Porqueras Mayo, Alberto, «Aspectos de Cervantes en Alemania», *Hispanófila*, n. 9: 41-44 (1960).
.11 Romero, Francisco, «Don Quijote y Fichte», *Realidad*, a. 1, 2: 220-233 (1947).
.12 Schürr, Friedrich, «Cervantes y el romanticismo», *AC*, 1: 41-70 (1951).

.13 —«Romanticismo, realismo y humorismo de Cervantes», *AC*, 3: 361-366 (1953).

.14 Zeydel, Edwin H., *Ludwig Tieck, the german romanticist, a critical study*, c. 7, Princeton Univ. Press, 1935.

.15 Meregalli, Franco, «Cervantes nella critica romantica tedesca (stato degli studi), *Annali della Facoltà di lingue e letterature straniere di Ca' Foscari*, fascicolo in onore di Ladislao Mittner, 11, n. 2: 381-395 (1972).

331 HEINE

266

.1 Martínez Ruiz, José, «Azorín», «Heine y Cervantes», p. 29-41, *Los valores literarios*, Madrid: Renacimiento, 1913.

332 SIGLO XX

333 KAFKA**

Robert, **147.**

.1 Urzidil, Johannes, «Cervantes und Kafka», *Hochland*, 63: 333-347 (1971).

.2 Perniola, Mario, «Metaletteratura e alienazione dell'arte in Cervantes e Kafka», *Rivista di Estetica*, 16: 83-92 (1971).

.3 Selig, Karl-Ludwig, «Cervantes y Kafka», *AC*, 5: 264-5 (1955-6).

334 THOMAS MANN

148, 500.3

ITALIA

BIBLIOGRAFIA

335 Fucilla, Joseph G., «Bibliografía italiana de Cervantes», Suplemento a Ford y Lansing (**025**), en *Relaciones hispanoitalianas*, *RFE*, anejo 59 (1953), p. 50-62.

336 Consiglio, Carlo, «Datos para una bibliografía italiana de Cervantes», *RByD*, 2: 107-118 (1948).

337 «Scritti sui rapporti del Cervantes con l'Italia», *Mostra di libri cervantini, Quaderni della Biblioteca Nazionale di Napoli*, serie 3, n. 8, p. 34-38. Napoli, 1959.

338 DANTE

.1 Avery, William T., «Elementos dantescos del *Quijote*», *AC*, 9: 1-28 (1961-2); 13-14; 3-36 (1974-5).

.2 Jommi, Goffredo, *Realität der irrealen Dichtung, Don Quijote und Dante* [Übersetzung aus dem Spanischen von Otto Freiherrn von Taube], Hamburg: Rowohlt, 1964. 155p.

339 BOCCACCIO

.1 Alarcos García, Emilio, «Cervantes y Boccaccio», *HCM*, II, p. 195-235; *V.* 217 y ss.

.2 Hatzfeld, Helmut, «Boccacciostil im *Don Quijote*», p. 113-126, *Vom Geiste neuer Literaturforschung, Festschrift für Oskar Walzel*, hg. Julius Wahle und Victor Klemperer, Wildpark-Potsdam: Akademische Verlagsgesellschaft Athenaion, 1924.

.3 Otero, C. P., «Cervantes e Italia: eros, industria, socarronería», *PSA*, t. 34, n. 102: 287-325 (1964).

340 PETRARCA

.1 Fucilla, Joseph G., «Cervantes», p. 177-181, *Estudios sobre el petrarquismo en España*, *RFE*, anejo 72, Madrid, 1960.

341 RENACIMIENTO

.1 Márquez Villanueva, Francisco, «Teófilo Folengo y Cervantes», p. 258-358, *Fuentes literarias cervantinas*, Madrid: G-BRH, 1973.

.2 Fucilla, Joseph G., «El papel del *Cortegiano* en la Segunda Parte de *Don Quijote*», p. 17-26, *Relaciones hispanoitalianas*; *V.* **335.**
—«The rôle of the *Cortegiano* in the Second Part of *Don Quijote*», *Hispania*, 33: 291-296 (1960).

.3 —«Ecos de Sannazaro y Tasso en *Don Quijote*», p. 27-37, *Relaciones hispanoitalianas*, *V.* **335.**

.4 Mades, Leonard, *The armor and the brocade, a study of «Don Quixote» and «The Courtier»*, New York: Las Américas Publ. Co., 1968. 241p.

.5 Schiaffino, Rafael, *Cervantes y el Renacimiento*, conferencia..., 1949. Apartado de la *Revista Nacional*, n. 134, Montevideo, 1950. 31p. —*Revista Nacional*, 13, n. 134: 177-198 (1950).

.6 Boselli, C., «Nuove fortuna di *Don Chisciotte*», *Libri del Giorno*, Sept. 1926.

342 MANZONI

.1 D'Ovidio, Francesco, «Manzoni e Cervantes» (1885), p. 73-90, *Studi manzoniani*, *Opere complete*, v. 6, Napoli: Alfredo Guida [1928].

.2 Hatzfeld, Helmut, «*Don Quijote* e *I promessi sposi*», **124,** p. 321-346. —p. 297-321, *Estudios de literaturas románicas*, **322.3.**

.3 Sanvisenti, B., «Ariosto, Cervantes, Manzoni», *Convivium*, 4: 641-674 (1932).

.4 Girardi, E. N., «Manzoni e Cervantes», *Aevum*, 37: 543-552 (1963).

343 PIRANDELLO

302.3.
Consúltese la bibliografía de Fucilla, **335.**

.1 Castro, Américo, «Cervantes y Pirandello» (1924), p. 477-485, *Hacia Cervantes, V.* **071.**

RUSIA

344 BIBLIOGRAFÍA

.1 Turkevich, Ludmilla Buketoff, *Spanish literature in Russia and in the Soviet Union, 1735-1964,* «Cervantes», p. 32-131, Metuchen, New Jersey: Scarecrow Press, 1967.
.2 «Cervantes en ruso. Bibliografía de la obra y crítica literaria, 1958-1967», *CLM,* p. 278-285.

345 ESTUDIOS

.1 Derjavin, Const., *La crítica cervantina en Rusia,* Madrid: Tip. de Archivos, 1929. 30p. —*Boletín de la R. Academia de la Historia,* 94: 215-238 (1929).
.2 Turkevich, Ludmilla Buketoff, *Cervantes in Russia,* Princeton Univ. Press, 1950. xv, 255p.
.3 —«Cervantes in Russia», *CAC,* p. 353-381.
.4 Malkiel, Yakov, «Cervantes in nineteenth-century Russia», *CL,* 3: 310-329 (1951).
.5 Pujals, Esteban, «Proyección de Cervantes en la literatura rusa», *Revista Nacional de Educación* (Madrid), 2.ª ép., a. 11, n. 101: 22-37 (1951).
.6 Montero Díaz, Santiago, «Cervantes en Turguénief y Dostoyewsky», p. 21-78, *Cervantes, compañero eterno,* Madrid: Ed. Aramo, 1957.
.7 Ferrer, Olga P., «*Las almas muertas* de Gogol y *Don Quijote*», *CuadL,* 8: 201-214 (1950).
.8 —«Un Cide Hamete Benengeli ruso», *HRM,* I, p. 173-178.

346 DOSTOIEVSKY

   V. **302.6, 7.**

.1   Giusti, Wolfango, L., «Sul 'donchisciottismo' di alcuni
     personaggi del Dostojevskij», *La Cultura*, 10 (nuova
     serie): 171-179 (1931).
.2   Maldonado de Guevara, Fr., «Dostoiewsky y el *Qui-
     jote*», *AC*, 3: 367-375 (1953).
.3   —«Cervantes y Dostoyevski», *RdIE*, 6: 123-136 (1948).
.4   Portnoff, George, «Cervantes and Dostoyevsky»,
     MLF, 19: 80-86 (1934).
.5   Selig, Karl-Ludwig, «Cervantes and Dostoyevsky,
     some observations on *The Idiot*», *Arcadia*, 1: 312-318
     (1966).
.6   Serrano Poncela, Segundo, «Don Quijote en Dos-
     toievski», *Insula*, a. 23, n. 254: Suplemento 19-20
     (Enero 1968).

347 SIGLO XX

PORTUGAL

348 CAMOENS

.1   Orico, Osvaldo, *Camoens y Cervantes*, Madrid: Edi-
     tora Nacional, 1948. 286p.
.2   Saraiva, A. J., «Os *Lusiadas*, O *Quixote* e o problema
     da ideologia oca», *Vértice*, 21: 391-404 (1961). *V. AC*,
     9: 337-338 (1961-2).

349 ESTUDIOS

.1   Ares Montes, J., «Cervantes en la literatura portu-
     guesa del siglo XVII», *AC*, 2: 193-230 (1952).
     —«Don Quijote en el teatro portugués del siglo XVIII»,
     AC, 3: 349-352 (1953).

.2 Figuereido, Fidelino de, «O thema do Quixote na litteratura portuguesa do seculos XVIII, XIX», *RFE*, 7: 47-56 (1920); 8: 161-169 (1921). —Madrid: Junta para Ampliación de Estudios, 1920-21. —*Estudios de literatura*, 3.ª, 4.ª serie, Lisboa: 1921, 1924.

.3 Glaser, Edward, «The literary fame of Cervantes in seventeenth-century Portugal», *HR*, 23: 200-211 (1955).
—«More about the literary fame of Cervantes in seventeenth-century Portugal», *AC*, 5: 143-157 (1955-6).

.4 Xavier, Alberto, «*Dom Quixote* em Portugal», p. 223-267. **080.**

.5 McPheeters, D. W., «El *Quijote* del judío portugués Antonio José da Silva (1733)», *RHM*, 34, homenaje Onís, I: 357-362.

.6 Peixoto, Jorge, «Bibliografia das edições e traduções do *Don Quixote* publicadas em Portugal», *Boletim Internacional de Bibliografia Luso Brasileira*, 2: 597-622 (1961).

AMERICA ESPAÑOLA

BIBLIOGRAFÍA

Valle, Rafael Heliodoro, [y] Romero, Emilia (1950), **031.**

ANTOLOGÍAS

350 Uribe-Echevarría, Juan, *Cervantes en las letras hispano-americanas, antología y crítica*, Santiago: Universidad de Chile, 1949. 231p.

.1 Pérez Silva, Vicente, «*Don Quijote» en la poesía colombiana*, Bogotá: Ed. Guadalupe, 1962. 206p.

Estudios

351 Caballero Calderón, Eduardo, «Contribución de la crítica colombiana al estudio de Cervantes», *Cervantes en Colombia*, p. 17-46, Madrid: PCCC, Imp. de A. Aguado, 1948.

352 Carilla, Emilio, *Cervantes y América*, Imp. de la Universidad de Buenos Aires, 1951. 70p. —p. 163-179, *Literatura española*, I, Univ. Nac. de Tucumán, 1971.

.1 ——, «Cervantes y la crítica argentina», *CuadHA*, n. 23: 197-208 (1951).

353 Díaz Plaja, Guillermo, *Don Quijote en el país de Martín Fierro*, Madrid: Ediciones Cultura Hispánica, 1952. 186p.

.1 Valle, Rafael Heliodoro, «Cervantes en la América española», *CuadHA*, n. 93: 369-381 (1957).

.2 Forero Ruiz, Carlos E., «El Quijote americano, ensayo sobre *Tabaré* a la luz del *Quijote*», *Revista Javeriana*, 28, n. 138: 132-141 (Sept. 1947).

.3 Guzmán, Jorge, «Sobre la interpretación del *Quijote* en Echeverría», *Anales de la Universidad de Chile*, a. 123, n. 136: 190-194 (1965).

.4 Ross, Waldo, «Don Quijote y los símbolos estructurales del *Martín Fierro*», *CuadHA*, n. 233: 502-512 (1969).

354 Montalvo

.1 Dessau, Adalbert, «Montalvo und Cervantes», *BzRPh:* 148-160, Sonderheft, 1967.

.2 Zaldumbide, Gonzalo, «El Don Quijote de América, o 'capítulos que se le olvidaron a Cervantes'», *Boletín de la Academia Argentina de Letras*, 16: 651-658 (1947).

355 Rodó

031, 350.

.1 Predmore, Richard L., «La apoteosis de Don Quijote», *RFH*, 1: 262-264 (1939).

356 RUBÉN DARÍO

300.2.

.1 Sánchez, Alberto, «Cervantes y Rubén Darío», *Seminario Archivo de Rubén Darío*, n. 6: 31-44 (1962).

357 GÜIRALDES

.1 Torres-Rioseco, Arturo, *Grandes novelistas de la América hispánica*, I, *Los novelistas de la tierra*, p. 99-101, Univ. of California Press, 1941.
.2 Gates, E. J., «A note on the resemblances between *Don Segundo Sombra* and *Don Quijote*», *HR*, 14: 342-343 (1946).

358 BORGES

500.5-.6.

359 OTROS AUTORES, SIGLO XX

.1 González, Alfonso, «Elementos del *Quijote* en la caracterización de *La Vorágine*», *Romance Notes*, 15: 74-79 (1973).

ESTADOS UNIDOS

360 MARK TWAIN

.1 Santayana, George, «Tom Sawyer and Don Quixote», *Mark Twain Quarterly*, 9: 1-3 (Winter, 1952).
.2 Moore, Olin Harris, «Mark Twain and *Don Quixote*», *PMLA*, 37: 324-346 (1922).

.3   Gilman, Stephen, «Cervantes en la obra de Mark Twain», *HCInsula*, 207-222 (1947).

.4   Roades, Sister Mary Teresa, «Was Mark Twain influenced by the Prolog to *Don Quixote?*», *Mark Twain Quarterly*, 9: 4-6, 24 (Winter, 1952).
     V. además **302.6, 362.4**.

361   MELVILLE

.1   Levin, Harry, «*Don Quijote* y *Moby-Dick*», *Realidad*, a. 1, 2: 254-267 (1947).

.2   —«*Don Quixote* and *Moby-Dick*», p. 97-109, *Contexts of criticism*, Harvard Univ. Press, 1958. —*CAC*, p. 227-236.

362   ESTUDIOS

.1   Heiser, M. F., «Cervantes in the United States», *HR*, 15: 409-435 (1947).

.2   Coe, Ada M., «Don Quixote on the American stage», *BHS*, 28: 167-173 (1951).

.3   Tudisco, Ãnthony, «Don Quixote, U. S. A.», *RHM*, homenaje Onís, 34: 457-461 (1968).

.4   Harkey, Joseph Harry, «*Don Quixote* and American fiction through Mark Twain», tesis inédita, Univ. of Tennessee, 1967. 205p.

.5   Roades, Sister Mary Teresa, «*Don Quixote* and *Modern Chivalry*», *Hispania*, 32: 320-325 (1949).

.6   Morby, Edwin S., «William Dean Howells and Spain», *HR*, 14: 188-192 (1946).

363   SIGLO XX

.1   Floan, Howard R., «Saroyan and Cervantes' knight», *Thought*, 33: 81-92 (1958). —en esp., *Atlántico* (Madrid), n. 12: 19-36 (1959); *V. AC*, 8: 454 (1959-60).

.2   Pérez, Louis C., «Wilder and Cervantes: in the spirit of the tapestry», *Symposium*, 25: 249-259 (1971).

OTROS PAISES

364

.1 Arents, Prosper, *Cervantes in het Nederlands, bibliografie*, Gent: Vlaamse Academie voor Taal-en Letterkunde, 1962. 474p.

.2 Roose, Roland, «*Don Quichotte* dans la littérature néerlandaise aux XVIIe et XVIIIe siècles», *Lettres Romanes*, 2, n. 1: 45-59; n. 2: 133-149 (1948).

365 Fredén, Gustaf, «*Don Quijote*» *en Suecia*, Madrid: Insula—Instituto Ibero-americano, Gutemburgo, 1965. 112p.

366 Markovitch, Milan, «Cervantès dans la littérature yougoslave», *RLC*, 14: 68-95 (1934).

367 Zimic, Stanislav, «Cervantes en Eslovenia, estudio bibliográfico», *BRAE*, 48: 101-115 (1968).

368 Orgaz, Manuel, «Don Quijote en Grecia», *CuadHA*, n. 99: 368-370 (1958).

369 BRASIL

.1 Macedo Soares, José Carlos de, «Cervantes en el Brasil», *Boletín de la Academia Argentina de Letras*, 16, n. 61: 589-614 (1947). —São Paulo, 1949. 27p.

.2 Amador Sánchez, Luis, «Cervantes en el Brasil», *RHM*, 8: 169-171 (1942).

.3 Ziomek, Henryk, «Parallel ingredients in *Don Quixote* and *Dom Casmurro* (Machado de Assis)», *Revista de Estudios Hispánicos*, 2: 229-240 (1968).

AUTORES CLASICOS

370 HOMERO

V. el análisis de Vicente de los Ríos (1780), **229**; Ortega y Gasset, **092.**

.1 Gottfried, Leon, «The Odysseyan form», p. 19-43, *Essays on European literature in honor of L. Dieckmann*, St. Louis: Washington Univ. Press, 1972.

371 PLATÓN

Murillo, **449.2.**

372 ARISTÓTELES

Casella, **465**; Forcione, **473.1.** Toffanin, **476.2.**

373 VIRGILIO

.1 Marasso, Arturo, *Cervantes, la invención del «Quijote»*, **083,** que recoge el material de *Cervantes y Virgilio*, Buenos Aires: Instituto Cultural Joaquín V. González, 1937. 169p.

.2 Schevill, Rudolph, Appendix iii, p. 522-523, «Studies in Cervantes, *PyS*, III, Virgil's *Aeneid*», *Transactions of the Connecticut Academy of Arts and Sciences*, 13: 475 y ss. (1907-08).

.3 Richards, Albert G., «The *Aeneid* and the *Quijote:* artistic parody and ideological affinity», tesis inédita, Ohio State Univ., 1973. 210p.

374 OVIDIO

.1 Schevill, Rudolph, *Ovid and the Renascence in Spain*, Univ. of California publications in modern philology, v. 4, 1913. *V.* p. 140-142, 153-155, 174-198. —Reprint, Hildesheim-New York: Georg Olms, 1971.

375 APULEYO

Mann, **148.**

.1 Ferrer, Olga Prjevalinsky, «Del *Asno de Oro* a Rocinante», *CuadL*, 3: 247-257 (1948).

.2 Petriconi, Helmuth, «Cervantes und Apuleius», *Studia philologica, homenaje a Dámaso Alonso*, II, p. 591-598, Madrid: Gredos, 1961.

376 HELIODORO

.1 Stegmann, Tilbert Diego, *Cervantes' Musterroman «Persiles», Epentheorie und Romanpraxis um 1600 (El Pinciano, Heliodor, «Don Quijote»)*, Hamburg: Hartmut Lüdke, 1971. 295p. Consúltese la Bibliografía.

.2 Schevill, Rudolph, «Studies in Cervantes, *PyS*, II, The Question of Heliodorus», *MPh*, 4: 677-704 (1907).

.3 Forcione, **473.1.**

377 SAN PABLO

.1 Descouzis, **187,** II, p. 108-122.

Sobre *Escritura Sagrada* o *La Biblia,* **082.**

378 SAN AGUSTÍN

.1 Livermore, Ann, «Cervantes and Saint Agustine», *The Month,* 26 (new series): 261-277 (1961).

379 OTROS AUTORES

V. **060, 061, 062.**

PINTORES ESPAÑOLES

380 VELÁZQUEZ

.1 Herrero García, Miguel, «Confrontación entre Velázquez y Cervantes», p. 613-617, I, *Varia Velazqueña, homenaje a Velázquez...,* Madrid: Ministerio de Educación Nacional, Dirección General de Bellas Artes, 1960.

.2 Marone, Gherardo, «Cervantes, Il Greco e Velázquez», p. 191-200, *Studi di varia Umanità in onore di Francesco Flora,* Firenze: A. Mondadori, 1963.

.3 Hatzfeld, Helmut, «Cervantes y Velázquez», **124,** p. 285-303. —«Artistic parallels in Cervantes and Velázquez», *EDMP*, 3: 265-297. —en al., *DQFK*, p. 191-228.

381 GOYA

Givanel Mas, **043,** p. 164-169.

AUTORES ESPAÑOLES

382 AUTORES MEDIEVALES

Menéndez Pelayo, **062.**

Sobre Garcí Rodríguez de Montalvo, **151.**

.1 Criado de Val, Manuel, «Juan Ruyz y Miguel de Cervantes», AC, 3: 281-290 (1953). —p. 51-77, *De la Edad Media al Siglo de Oro*, Claves de España 2, Madrid: Publicaciones Españolas, 1965.

.2 Lida de Malkiel, María Rosa, *Juan de Mena, poeta del prerrenacimiento español*, p. 514-524 et passim, *NRFH*, Colegio de México, 1950.

383 AUTORES CATALANES

Sobre Martorell, **150.**

.1 Alfonso, Martha M., «Influencia de la literatura catalana en *Don Quijote de la Mancha*» (sobre Ramón Llull, Martorell), *Estudios Lulianos*, 10, n. 28: 107-120. (1966).

384 FERNANDO DE ROJAS

450.

.1 Bataillon, Marcel, p. 226-237, «*La Célestine*» selon *Fernando de Rojas*, París: Libr. Marcel Didier, 1961.

.2 Lida de Malkiel, María Rosa, *La originalidad artística de «La Celestina»*, Buenos Aires: Ed. Universitaria, 1962, 1970. Consúltese el índice.

.3 Johnson, Carroll B., «Cervantes as a reader of *La Celestina*», *Far-Western Forum*, May 1974, p. 233-247.

.4 Ruano, Argimiro, «El *Ingenioso hidalgo don Quijote de la Mancha* y *Celestina*», *Atenea* (Puerto Rico), 2: 61-70 (1965).

385 BARTOLOMÉ DE LAS CASAS

.1 Gil-Bermejo García, Juana, «Fray Bartolomé de las Casas y el *Quijote*», *Anuario de Estudios Americanos*, 23: 351-361 (1966).

386 GUEVARA

.1 Márquez Villanueva, Francisco, «Fray Antonio de Guevara y la invención de Cide Hamete», p. 183-257, *Fuentes literarias cervantinas*, **341.1.**

387 GARCILASO

495.1.

.1 Ashcom, B. B., «A note on Garcilaso and Cervantes», *HR*, 19: 61-63 (1951).
.2 Blecua, José Manuel, «Garcilaso y Cervantes», *HCInsula*, 141-150 (1947).
.3 Gallagher, Patrick, «Garcilaso's second Eclogue and *Don Quixote*: tradition or polygenesis?», *BzRPh*, 11: 38-49 (1972).

388 ERCILLA

453.2.

389 FRAY LUIS DE LEÓN

.1 Navarro González, Alberto, «Cervantes y Fray Luis de León», *AC*, 10: 3-14 (1971).

390 HUARTE DE SAN JUAN

400-403.

391 MATEO ALEMÁN

463.

.1 Castro, Américo, **183.**
.2 Ghiano, Juan Carlos, «Actitudes humanas y literarias: Alemán y Cervantes», *CuadA*, 48, n. 6: 189-211 (1949).
—**091**, p. 57-80.
.3 Cronan, Urban, «Mateo Alemán and Miguel de Cervantes Saavedra», *RHisp*, 25: 468-475 (1911).
.4 Salillas, Rafael, «La criminalidad y la penalidad en el *Quijote*», p. 82-118, *AMC*.
.5 Joly, Monique, «Aspectos del refrán en Mateo Alemán y Cervantes», *NRFH*, 20: 95-106 (1971).

392 LOPE DE VEGA*

Morínigo, **067, 068**; Castro, **071; 473.**

.1 Schevill, Rudolph, «Cervantes and Lope de Vega, a contrast of two master spirits of the Golden Age in Spain», *Spanish Review* (New York), 3: 1-14 (1936).
.2 Amezúa y Mayo, Agustín G. de, *Lope de Vega en sus cartas, introd. al epistolario de Lope de Vega Carpio*, II, p. 99-109, Madrid: Real Academia Española, 1940.

.3 Buchanan, Milton A., «Cervantes and Lope de Vega: their literary relations, a preliminary survey», *PQ*, 21: 54-64 (1942).

.4 García Soriano, Justo, *Los dos «Don Quijotes», investigaciones acerca de la génesis de «El ingenioso hidalgo» y de quién pudo ser Avellaneda*, p. 95-133 et passim, Toledo: Tip. Rafael Gómez-Menor, 1944.

.5 Torre, Guillermo de, «El postulante y el favorito (Cervantes y Lope de Vega)», *Atenea*, a. 24, n. 268: 41-50 (1947).

.6 Avalle-Arce, Juan Bautista, «Lope de Vega and Cervantes», *Texas Quarterly*, 6, n. 1: 190-202 (1963).

.7 Rivers, Elías L., «Lope and Cervantes once more», *KRQ*, 14: 112-119 (1967).

.8 Tómov, Tomás S., «Cervantes y Lope de Vega», p. 617-626, *Actas del segundo congreso internacional de hispanistas*, Instituto español de la Universidad de Nimega, 1967.

.9 Green, Otis H., «Lope and Cervantes: *Peripeteia* and Resolution», p. 201-208 y notas, *The literary mind of Medieval and Renaissance Spain*, Univ. Press of Kentucky, 1970. —*Homenaje a Wm. L. Fichter*, p. 249-256, Madrid: Castalia, 1971.

393 GÓNGORA

.1 Hatzfeld, Helmut, «The baroque of Cervantes and the baroque of Góngora, exemplified by the motif '*las bodas*'», *AC*, 3: 87-119 (1953).

.2 Lapesa, Rafael, «Góngora y Cervantes, coincidencias de temas y contraste de actitudes», *RHM*, 31: 247-263 (1965). —p. 219-241, *De la Edad Media a nuestros días*, G-BRH, 1967.

394 QUEVEDO

.1 Lida, Raimundo, «Guerra y paz en un Siglo de Oro», p. 57-76, *Estudios... ofrecidos a Marcos A. Morínigo*, Madrid: Insula, 1971.

.2   Ayala, Francisco, *Cervantes y Quevedo*, p. 185-204, Barcelona: Seix Barral, 1974.

395 CALDERÓN

.1   Palacios, Leopoldo E., *«Don Quijote» y «La vida es sueño»*, Madrid: Ediciones Rialp, 1960. 88p.
.2   Sánchez, Alberto, «Reminiscencias cervantinas en el teatro de Calderón», *AC*, 6: 262-270 (1957).

396 OTROS AUTORES, SIGLOS XVI, XVII.

.1   Castillo, Carlos, «Cervantes y Pero Mexía», *MPh*, 43: 94-106 (1945-6).
.2   Márquez Villanueva, Francisco, *Don Luis Zapata o el sentido de una fuente cervantina*, Badajoz: Diputación Provincial, 1966, 59p. —p. 109-182, *Fuentes literarias cervantinas*, **341.1. V. 486.**
.3   Vilanova, Antonio, «Cervantes y *La lozana andaluza*» (de Francisco Delicado), *Insula*, a. 7, n. 77, p. 5 (15 mayo 1952).
.4   Bataillon, Marcel, «Urganda entre *Don Quijote* y *La pícara Justina*» (de Francisco López de Ubeda), p. 268-299, *Varia lección de clásicos españoles*, Madrid: G-BRH, 1964. —*Studia philologica, homenaje a Dámaso Alonso*, Madrid, 1960, I, p. 191-215.
.5   Martínez Ruiz, José, «Azorín», «Cervantes y sus coetáneos», p. 119-123, *Clásicos y modernos*, Madrid: Renacimiento, 1913.

397 AUTORES, SIGLO XVIII

.1   Montesinos, José F., «Cervantes anti-novelista», *NRFH*, 7: 499-514 (1953). —*DQFK*, p. 240-263.
.2   Ramírez-Araujo, Alejandro, «El cervantismo de Cadalso», *RR*, 43: 256-265 (1952).

.3 Pollin, Alice M., «*Don Quijote* en las obras del P. Antonio Eximeno», *PMLA*, 74: 568-575 (1959).

398 AUTORES, SIGLOS XIX-XX

.1 Tamayo [y Rubio], Juan Antonio, «Una obra cervantina de Bécquer», *AC*, 1: 295-324 (1950).
.2 Lott, Robert E., «*Pepita Jiménez* and *Don Quixote*, a structural comparison», *Hispania*, 45: 395-401 (1962).
.3 Jackson, Robert M., «'Cervantismo' in the creative process of Clarín's *La regenta*», *MLN*, 84, n. 2: 208-227 (Mar. 1969).
.4 Salgués Cargill, Maruxa, «Mito de Don Quijote y Sancho en *Belarmino y Apolonio*», *Insula*, a. 24, n. 274, p. 16 (Sept. 1969).

399 PÉREZ GALDÓS

Levin **301.2.**

.1 Latorre, Mariano, «Cervantes y Galdós (anotaciones para un ensayo)», *Atenea*, a. 24, n. 268: 11-40 (1947).
.2 Herman, J. Chalmers, «*Don Quijote*» *and the novels of Pérez Galdós*, Ada: East Central Oklahoma State College, 1955. 66p.
.3 Casalduero, Joaquín, *Vida y obra de Galdós, 1843-1920*. 2.ª ed., Madrid: G-BRH, 1961. Consúltese el índice.
.4 Rodríguez Chicharro, César, «La huella del *Quijote* en las novelas de Galdós», *La palabra y el hombre*, n. 38: 223-263 (1966).
.5 Sackett, Theodore A., *Pérez Galdós, an annotated bibliography*, Univ. of New Mexico Press, 1968. Consúltese el índice, p. 128.
.6 Montesinos, José F., *Galdós*. 3v., Madrid: Castalia, 1968-73. Consúltese el índice: Cervantes, *Don Quijote*.

.7   Correa, Gustavo, «Tradición mística y cervantismo en Galdós», *Hispania*, 53: 842-851 (1970).

.8   Woodbridge, Hensley C., *Benito Pérez Galdós: a selective annotated bibliography*, p. 51-53, Metuchen, N. J.: Scarecrow Press, 1975.
—*Hispania*, 53: 913-914 (1970).

TEMAS Y EPISODIOS

'LA NOVELA EJEMPLAR DE ALONSO QUIJANO'

Ingenio*

400 Salillas, Rafael, *Un gran inspirador de Cervantes, el doctor Juan Huarte y su «Examen de ingenios»*, Madrid: E. Arias, 1905. 162p.

401 Iriarte, Mauricio de, «*El examen de ingenios* y *El ingenioso hidalgo*», p. 311-332, *El doctor Huarte de San Juan y su «Examen de ingenios», contribución a la historia de la psicología diferencial*, 3.ª ed. corregida, Madrid: CSIC, 1948. [1.ª ed., Münster, 1938, 2.ª ed., Madrid, 1939].

  .1 —«*El ingenioso hidalgo* y *El examen de los ingenios*, ¿qué debe Cervantes al Dr. Huarte de San Juan?», *Revista Internacional de Estudios Vascos*, 24: 499-524 (1933).

  .2 —«Figura del Caballero de la Triste Figura», *Arbor*, 8, n. 22: 68-78 (1947).

402 Weinrich, Harald, *Das Ingenium Don Quijotes, ein Beitrag zur literarischen Charakterkunde*, Forschungen zur Romanischen Philologie, Heft 1, Münster/Westfalen: Aschendorff, 1956. 130p.

403 Green, Otis, H., «*El ingenioso hidalgo*», *HR*, 25: 175-193 (1957). —p. 171-184, *The literary mind of Medieval and Renaissance Spain*, Univ. Press of Kentucky, 1970.

404 Chambers, Leland H., «Idea and the concept of character in *Don Quijote*», p. 119-130, *Studia Iberica*,

Festschrift für Hans Flasche, hg. K.-H. Körner und Klaus Rühl, Bern und München: Francke, 1973.

CARACTEROLOGÍA, PSÍQUIATRÍA.

405 Vallejo Nágera, Antonio, *Apología de las patografías cervantinas*, discurso... Madrid: Instituto de España, Imp. Góngora, 1958. 41p. Bibliografía, p. 40-41.

406 Bandanelli, Pedro, *Tras la morfología de Don Quijote*, Santa Fe: Universidad Nacional del Litoral, 1947. 28p.

407 Goyanes, José, *Tipología de El Quijote, ensayo sobre la estructura psicosomática de los personajes de la novela*, Madrid: [Imp. de S. Aguirre], 1932, 1937. 297p.

  .1 Royo Villanova, Ricardo, «Don Quijote y la locura», *AMC*, 1905, p. 221-249.

---

408 Logre, B. J., «La folie de Don Quichotte», *Ouest-Médical* (París), a. 9, n. 23: 761-767 (10 dic. 1956).

  .1 David-Peyre, Yvonne, «L'observation psycho-pathologique et la fiction dans la folie de Don Quichotte», p. 59-73, *Hommage à Amédé Mas*, Publications de l'Université de Poitiers, Presses Universitaires de France, 1972.

  .2 Bigeard, Martine, p. 153-166, *La folie et les fous littéraires en Espagne, 1500-1650*, París: Centre de recherches hispaniques, Institut d'études hispaniques, 1972.

409 «MODELOS VIVOS»

  .1 Rodríguez Marín, Francisco, *Los modelos vivos del Don Quijote de la Mancha* (Martín de Quijano), conferencia, Madrid: TiRABM, 1916, 27p. —*EC*, p. 441-452.

  .2 —«El modelo más probable del Don Quijote», (Alonso Quijada), Apéndice 40, **013.10.** —Conferencia, Madrid: TiRABM, 1918. 31p. —*EC*, p. 561-572.

  .3 Eguía Ruiz, Constancio, «Sobre el modelo vivo de Don Quijote», p. 5-16, *Cervantes, Calderón, Lope, Gracián*, Madrid: CSIC, 1951. —*RyF*, 74: 316-328 (1926).

.4 Astrana Marín, Luis, *VEHC*, 4: 7-69.
.5 Castro, Américo, *Cervantes y los casticismos españoles*, p. 164-172, **183**.

SANCHO PANZA

410 Alonso, Amado, «Las prevaricaciones idiomáticas de Sancho», *NRFH*, 2: 1-20 (1948). —*DQFK*, p. 37-80.

411 Alonso, Dámaso, «Sancho-Quijote, Sancho-Sancho», *HCM*, II, p. 53-63. —*Del Siglo de Oro a este siglo de siglas*, p. 9-19, Madrid: G-BRH, 1962. —*DQFK*, 127-137.

412 Hendrix, W. S., «Sancho Panza and the comic types of the sixteenth century», *HMP*, 2: 485-494.

413 Márquez Villanueva, Francisco, «La génesis literaria de Sancho Panza», p. 20-94. *Fuentes literarias cervantinas*, **341.1**. —*AC*, 7: 123-155 (1958).

414 Romero Flores, Hipólito R., *Biografía de Sancho Panza, filósofo de la sensatez*, Barcelona: Ed. Aedos, 1952. 293p., 2.ª ed. 1955.

415 Sánchez y Escribano, Federico, «Sancho Panza y su cultura popular», *Asomante*, n. 3: 33-41 (1948).

416 Sletsjoe, Leif, *Sancho Panza, hombre de bien*, Madrid: Insula, 1961. 135p.

417 Socorro, Manuel, *La ínsula de Sancho en el reino de Don Quijote*, Las Palmas de Gran Canaria: Imp. España, 1948. 230p.

418 Tharpe, Dorothy, «The 'education' of Sancho as seen in his personal references», *MLJ*, 45: 244-248 (1961).

419 Willis, Raymond S., «Sancho Panza, prototype for the modern novel», *HR*, 37: 207-227 (1969).

.1 Oelschläger, Victor R. B., «Sancho's zest for quest», *Hispania*, 35: 18-24 (1952).

.2 Flores, R. M., «Sancho's fabrications: a mirror of the development of his imagination», *HR*, 38: 174-182 (1970).

.3 Aveleyra A., Teresa, «Un hombre llamado Sancho Panza», *NRFH*, 22: 1-16 (1973).

.4 Close, A. J., «Sancho Panza: wise fool», *MLR*, 68: 344-357 (1973).

.5 Hilborn, Harry W., «Lo subconsciente en la psicología de Sancho Panza», p. 267-280, *Studia Iberica, Festschrift für Hans Flasche*, hg. K-H Körner und K. Rühl, Bern-München: A. Francke, 1973.

.6 De Chasca, Edmund, «Sancho-Sanchuelo, Sancho-Sancho, Sancho-Sanchísimo», *EHH*, p. 73-86.

CIDE HAMETE BENENGELI

Riley, **108**; Gerhardt, **112**; Márquez, **386**.

420 Bencheneb, S., [y] Marcilly, C., «Qui était Cide Hamete Benengeli?», *Mélanges à la mémoire de Jean Sarrailh*, I, p. 97-116, París: Centre de recherches de l'institut d'études hispaniques, 1966.

421 Castro, Américo, «El cómo y el porqué de Cide Hamete Benengeli», p. 409-419, *Hacia Cervantes*, **071**.

422 Locke, F. W., «*El sabio encantador*, the author of *Don Quixote*», *Symposium*, 23: 46-61 (1969).

423 Rodríguez Chicharro, César, «Cide Hamete Benengeli», *Anuario de Filología* (Maracaibo), a. 2-3, n. 2-3: 195-234 (1963-4).

424 Stagg, Geoffrey, «El sabio Cide Hamete Venengeli», *BHS*, 33: 218-225 (1956).

.1 Soons, C. A., «Cide Hamete Benengeli, his significance for *Don Quijote*», *MLR*, 54: 351-357 (1959).

.2 El Saffar Snodgrass, Ruth, «The function of the fictional narrator in *Don Quijote*», *MLN*, 83: 164-177 (March 1968).

.3 Rubens, Erwin Félix, «Cide Hamete Benengeli, autor del *Quijote*», p. 8-13, *Comunicaciones de Literatura Española*, Universidad Católica Argentina, Facultad de Letras, I, Buenos Aires, 1972. V. *AC*, 12: 265-266 (1973).

DULCINEA

✗ **425** Cotarelo Valledor, Armando, *La Dulcinea de Cervantes*, conferencia... Madrid: Imp. Magisterio Español, Publicaciones del Instituto de España, 1947. 47p. —*HMC*, II, p. 17-52.

✗ **426** Close, A. J., «Don Quixote's love for Dulcinea...», *BHS*, 50: 237-255 (1973).

✗ **427** Fernández Suárez, Alvaro, «Sentido y heroísmo del mito de Dulcinea», *CaudA*, a. 6, 36, n. 6: 40-61 (1947). —*Los mitos del Quijote*, p. 68-92, Madrid: Aguilar, 1953.

428 Goggio, Emilio, «The dual rôle of Dulcinea...», *MLQ*, 13: 285-291 (1952). —*DQFK*, p. 229-239.

✗ **429** Heugas, Pierre, «Variation sur un portrait: de Mélibée à Dulcinée», *BulHisp*, 71: 5-30 (1969).

430 Iventosch, Herman, «Dulcinea, nombre pastoril», *NRFH*, 17: 60-81 (1964).

431 Lapesa, Rafael, «Aldonza-Dulce-Dulcinea», *BBMP*, 23: 48-53 (1947). —p. 212-218, *De la Edad Media a nuestros días*, G-BRH, 1967.

432 Remos y Rubio, Juan José, «Dulcinea y Altisidora», p. 39-50, *Ensayos literarios*, Madrid: [Tall. Gráf. Aro], 1947.

433 Rodríguez-Luis, Julio, «Dulcinea a través de los dos *Quijotes*», *NRFH*, 18: 378-416 (1965-6).

434 Veres d'Ocón, Ernesto, «Los retratos de Dulcinea y Maritornes», *AC*, 1: 249-271 (1951).

ROCINANTE Y RUCIO

Togeby, **093**, p. 16 y ss.; Ferrer, **375**.

435 Bayo Fernández, Marcial José, «Rocinante y Clavileño, caballos de Don Quijote», *Miscelânea de estudos a Joaquim de Carvalho*, n. 4: 414-424 (1960).

436 González-Alegre, Ramón, «Meditación sobre Rocinante», *Nuestro Tiempo*, n. 55: 23-43 (enero 1959).

437 Ordóñez Vila, Montserrat, «Rocinante y el asno, personajes cervantinos», *Razón y fábula* (Bogotá: Universidad de los Andes), n. 8: 57-75 (1968).

438 Fernández Suárez, Alvaro, p. 149-200, *Los mitos del Quijote*, Madrid: Aguilar, 1953.

439

EPISODIOS PASTORILES

Castro, **071**.

440 Avalle-Arce, Juan Bautista, «Grisóstomo y Marcela», p. 97-119, *Deslindes cervantinos*, Madrid: Edhigar, 1961. —«La '*Canción desesperada*' de Grisóstomo», *NRFH*, 11: 193-198 (1957).
—[versión renovada] p. 89-116, *Nuevos deslindes cervantinos*, Barcelona: Ariel, 1975.

  .1 *La novela pastoril española*, 2.ª ed., Madrid: Ediciones Istmo, 1974, c. 8.

441 Flecniakoska, Jean-Louis, «Reflexions sur la parodie pastorale dans le *Quichotte*», *AC*, 8: 371-374 (1959-60).

442 Köhler, Erich, «Wandlungen Arkadiens, die Marcela-Episode des *Don Quijote* (I.11-14)», p. 41-60, 245-249, *Literaturgeschichte als geschichtlicher Auftrag, Werner Krauss zum 60 Geburtstag*, hg. Werner Bahner, Berlín: Rütten & Loening [1961].

443 Sánchez y Escribano, Federico, «De la técnica realista en algunos cuentos pastoriles del *Quijote*», *AC*, 4: 113-117 (1954).

444 Iventosch, Herman, «Cervantes and courtly love: the Grisóstomo-Marcela episode», *PMLA*, 89: 64-76 (1974). *V.* además *PMLA*, 89: 1115-16 (1974); 90: 295-6 (1975).

  .1 González Gerth, Miguel, «Pastores y cabreros en el *Quijote*», *La Torre*, n. 34: 115-123 (1961).

  .2 Tamayo, Juan Antonio, «Los pastores de Cervantes», *RFE*, 32: 383-406 (1948).

  .3 Sieber, Harry, «Society and the pastoral visión in the

Marcela-Grisóstomo episode of *Don Quijote*», *EHH*, p. 185-194.

.4 Poggioli, Renato, «The pastoral of the self», c. 8, *The oaten flute*, Harvard Univ. Press, 1975.
—*Daedalus*, n. 4, 1959, p. 686-699.

445 AMOR CORTESANO

⛌.1 Filgueira Valverde, José, «Don Quijote y el amor trovadoresco», *RFE*, 32: 493-519 (1948).

.2 Green, Otis H., *España y la tradición occidental*, v. 1, p. 222-243, Madrid: G-BRH, 1969.
—*Spain and the western tradition*, v. 1, p. 185-206, Wisconsin Univ. Press, 1963.
V. además Castro, **060,** p. 142-158.

446 ROMANCERO

Querol, **049**; Menéndez Pidal, **087, 156.**

.1 Cotarelo y Mori, Emilio, p. 45-65, *Ultimos estudios cervantinos*, Madrid: TiRABM, 1920.

.2 Millé y Giménez, Juan, *Sobre la génesis del Quijote, Cervantes, Lope, Góngora, el «Romancero general», el «Entremés de los romances», etc.*, Barcelona: Araluce, 1930. 219p.

.3 Chacón y Calvo, José María, *Cervantes y el Romancero*, conferencia... 1916, La Habana: Extr. de la Revista de la «Facultad de letras y ciencias», Imp. «El Siglo XX», 1917. 36p.

.4 Reyes, Alfonso [reseña del n. anterior] «Cervantes y el Romancero», v. 7, p. 347-348, *Obras completas*, México: Fondo de Cultura Económica, 1958. —*RFE*, 5: 71-72 (1918).

.5 Sanz, Atilano, *El Romancero y el «Quijote», breves apuntes acerca de las afinidades existentes entre ambos libros*, Madrid: Imp. del Asilo de Huérfanos del S. C. de Jesús, 1919 [1920]. 93p.

.6   Sánchez, Alberto, La génesis del *Quijote*, El romancero
en el *Quijote* [dos cuadernos]. Cursos de conferencias
para preuniversitarios, Madrid, 1960. 19, 7p.

447   REFRANERO

ESTUDIOS. Han servido como punto de partida los de Menéndez Pelayo, **062,** y Américo Castro, **060,** p. 182;
pero en verdad se ha dicho muy poco sobre la elaboración artística e ideológica de los refranes en el
Quijote: V. Rosenblat, **122,** p. 35 y ss.; Hatzfeld, **123.**

En sus notas, Bowle y Clemencín glosaron numerosos
refranes, apoyándose en Núñez y Covarrubias.

REGISTROS Y GLOSAS. Son bien conocidos los de la segunda
mitad del siglo XIX:

.1   Coll y Vehí, *Los refranes del Quijote, ordenados por
materias y glosados,* Barcelona: Imp. del Diario de
Barcelona, 1874. 248p.
.2   Sbarbi, José María, «Colección de los refranes, adagios, proverbios y frases proverbiales que se hallan en
el *Quijote*», p. 198-291, *Intraducibilidad del Quijote,*
v. 6 de su colección *El refranero general español,*
Madrid: Imp. de A. Gómez Fuentenebro, 1876.
.3   Burke, Ulick Ralph, *Sancho Panza's proverbs,* and
others which occur in *Don Quixote,* with a literal
English translation, notes, and an introd. by... London: Pickering & Chatto, 1892. 116p. Es la 3.ª ed.
de los trabajos a que se dedicó este inglés.
.4   Ormsby, John, Apéndice 1, v. 4 de su trad., Londres,
1885.
.5   Además de los comentarios de Clemencín, Rodríguez
Marín, etc., *V.* los registros o índices de los n. **037, 038.**
.6   La glosa más completa de las *frases proverbiales* es
de Cárcer y de Sobíes, **033,** que recoge los apuntes
de RM (1916).

Artículos. *V.* **315.4; 391.5.**

.1 Lacosta, Francisco C., «El infinito mundo de los proverbios: *Don Quijote*», *Universidad* (Univ. Nac. del Litoral, Santa Fe), 65: 135-151 (julio-sept. 1965).

.2 Mieder, Wolfgang, «The proverb and romance literature», *Romance Notes*, 15: 610-621 (1974). *V.* Bibliografía.

448 FOLKLORE

.1 Cavazos, Nelson A., «Motif-index of *Don Quijote*», tesis inédita, Univ. of Tennessee, 1949. 50p.

.2 Guilbeau, John J., «Some folk-motifs in *Don Quixote*», p. 69-83, 287-291, *Studies in comparative literature*, ed. Waldo F. McNeir, Louisiana State Univ. Press, 1962.

.3 Martínez y Martínez, Francisco, *El folklore valenciano en el Quijote*, Valencia: Hijo de F. Vives Mora, 1922. 26p.

449 DIALOGO

.1 Huerta, Eleazar, «El diálogo cervantino», *Atenea*, a. 24, n. 268; 64-73 (1947).

.2 Murillo, Luis Andrés, «Diálogo y dialéctica en el siglo XVI español» (1954), *RUBA*, 5.ª ép., a. 4: 56-66 (1959).

.3 Criado de Val, Manuel, «*Don Quijote*, como diálogo», *AC*, 5: 183-208 (1955-6). —*DQFK*, p. 317-341.

.4 Ortega y Gasset, José, «Adán en el paraíso», *Personas, obras y cosas*, p. 169-170, Madrid: Renacimiento, 1916. —*Obras completas*, I, p. 488-489, Madrid: Revista de Occidente, 1946.

Guillén

EPISODIOS, PRIMERA PARTE

450 PRELIMINARES.

PRÓLOGO. Castro, **071**; Vilanova, **182**; Bataillon, **384.1.**

.01 Rivers, Elias L., «Cervantes' art of the Prologue», *EHH*, p. 167-171.
.02 Socrate, Mario, *Prologhi al «Don Chisciotte»*, Venezia: Marsilio Editori, 1974. Segundo ensayo.
  V. también **475**.

VERSOS PRELIMINARES

.1 Ferrer, Olga P., «Explicando un pretendido error en el *Quijote*», *AC*, 4: 315-317 (1954).
.2 Lida de Malkiel, María Rosa, p. 295, *La originalidad artística de «La Celestina»*, **384.2.**
.3 McPheeters, D. W., «Cervantes' verses on *La Celestina*», *Romance Notes*, 4: 136-138 (1963).
.4 Ullman, Pierre Lioni, «The burlesque poems which frame the *Quijote*», *AC*, 9: 213-227 (1961-2).
.5 López Navío, José, «Un soneto de los preliminares del *Quijote* mal puntuado tradicionalmente», *AC*, 4: 327-330 (1954).

451 PRIMER CAPITULO

.1 Casalduero, Joaquín, «Explicando la primera frase del *Quijote* (tres notas sobre Cervantes)», p. 70-82,

Estudios de literatura española, **064**. —*BulHisp*, 36: 137-148 (1934).

.2 Givanel i Mas, Joan, «Una nota para un nuevo comentario al *Don Quijote*» (*En un lugar de la Mancha...*, I.1), *Publicaciones cervantinas patrocinadas por Juan Sedó Peris-Mencheta*, n. 4, Barcelona, 1942. 34p.

.3 Lida de Malkiel, María Rosa, «*De cuyo nombre no quiero acordarme...*», *RFH*, 1: 167-171 (1939).

.4 López Estrada, Francisco, «Un poco más sobre '*de cuyo nombre no quiero acordarme*'», *Strenae*, estudios dedicados a Manuel García Blanco, *Acta salmanticensia, Filosofía y letras*, 16: 297-300 (1962).

.5 Sánchez Escribano, F., «Dos notas cervantinas», *AC*, 8: 365-366 (1959-60).

.6 Cruz-Coronado, Guillermo de la, *Pórtico al «Quijote», estudio estructural del primer capítulo*, Curitiba: Conselho de pesquisas da Universidade Federal do Paraná, 1968. 112p. Recoge los dos estudios: —«Alonso Quijano, el hidalgo de aldea (sobre el primer capítulo del *Quijote*)», *Letras* (Faculdade de Filosofia, Universidade do Paraná), n. 3: 52-80 (1955); n. 7-8: 1-14 (1957). —«El caballero andante (sobre el primer capítulo del *Quijote*)», *Jornal de Filología* (São Paulo), 2: 328-363 (1954).

.7 López-Navío, José, «Duelos y quebrantos los sábados», Madrid: Imp. Viuda de Galo Sáez, 1958. 23p. —*AC*, 6: 169-191 (1957).

.8 Achury Valenzuela, Darío, «Duelos y quebrantos», p. 269-299, *Cervantes en Colombia*, ed. E. Caballero Calderón, Madrid: PCCC, 1948.

.9 Láscaris Comneno, C., «El nombre de don Quijote», *AC*, 2: 361-364 (1952).

.10 Avalle-Arce, Juan Bautista, «Tres comienzos de novela» *(Amadís, Lazarillo, Quijote)*, p. 213-243, *Nuevos deslindes cervantinos. V. **440**.
—*PSA*, t. 37, n. 110; 181-214 (1965).

452   PRIMERA SALIDA

.1   Riley, Edward C., «'*El alba bella que las perlas cría*', dawn-description in the novels of Cervantes», *BHS*, 33: 125-137 (1956).

.2   Stagg, Geoffrey, «La primera salida de Don Quijote, imitación y parodia [por parte de Cervantes] de sí mismo», *Clavileño*, a. 4, n. 22: 4-10 (1953).

.3   Watson, A. Irvine, «La primera salida de Don Quijote en busca de la confianza», *Clavileño*, a. 6, n. 32: 1-6 (1955).

.4   Pemán, José María, «La '*armazón de cauallería*' de Don Quijote, apuntes sobre el capítulo III de la primera parte», *BRAE*, 27: 7-19 (1947-8).

.5   Benardete, M. J., «El ventero andaluz en el *Quijote*», *RHM*, Homenaje Onís, 34: 140-158 (1968).
     V. además **087, 159.1, 446.**

453   I.6.   ESCRUTINIO

.1   Rubens, Erwin Félix, «Sobre el capítulo VI de la primera parte del *Quijote*», *Cuadernos del Sur*, Bahía Blanca: Instituto de humanidades, Universidad Nac. del Sur [1957]. 51p.

.2   Leavitt, Sturgis E., «Cervantes and heroic verse», *HR*, 15: 464 (1947).

.3   Sobre la censura de *Tirante el Blanco*: Riquer, **014**, p. 76-77; Riley, **108**, p. 48 y ss.; Eisenberg, **150.6**. *DQ*, I.6, p. 117 (notas 28 y 29).

454   I.8-9.   MOLINOS DE VIENTO Y VIZCAINO

Víctor Hugo, **272.**

.1   Ynduráin, Francisco, «El tema de vizcaíno en Cervantes», *AC*, 1: 337-343 (1951).

.2 Aubrun, Charles V., «Pour quelle raison déraisonna Don Quichotte», *Homenaje a Casalduero*, p. 37-44, Madrid: Gredos, 1972.

455 I.10.

.1 Geoffrey Stagg, «Revision in *Don Quixote*, Part I», p. 347-366, *Hispanic studies in honor of I. González-Llubera*, ed. Frank Pierce, Oxford: Dolphin Book Co., 1959.

.2 —«Cervantes revisa su novela (*Don Quijote*, I Parte)», *Anales de la Universidad de Chile*, a. 124, n. 140: 5-33 (1966).

.3 Ullman, Pierre L., «The heading of chp X in the 1605 *Quijote*», *Forum for Modern Language Studies*, 7: 43-51 (1971).

456 I.11. DISCURSO SOBRE LA EDAD DORADA

.1 Los antecedentes clásicos son numerosos; entre ellos se destacan Ovidio, *Meta.*, I, vss. 89-112; Séneca, *Epistulae morales*, 90; cf. Antonio de Guevara, *Marco Aurelio con el Reloj de príncipes*, Sevilla: Juan Cromberger, 1537, Libro I, c. 31; Torquato Tasso, *Aminta*, acto 1, ii (ed. Castalia, trad. de Jáuregui, p. 62). Consúltese: Gustavo Costa, *La leggenda dei secoli d'oro nella letteratura italiana* (Bari: Laterza, 1972), A. Bartlett Giamatti, *The earthly paradise and the Renaissance epic* (Princeton Univ. Press, 1966), p. 11-33.

.2 Schevill, **374.1,** p. 153-155.

.3 Castro, **060,** p. 173 y ss.

.4 Murillo, **116,** p. 126-131.

.5 Dunn, Peter N., «Two classical myths in *Don Quijote*», *Renaissance and Reformation*, 9: 2-10 (1972).

.6 Levin, Harry, *The myth of the golden age in the Renaissance*, p. 140-143, et passim, Indiana Univ. Press, 1969.

.7 Maravall, José Antonio, *El humanismo de las armas en Don Quijote*, p. 199 y ss. Madrid: Instituto de Estudios Políticos, 1948.

457 I.15. YANGÜESES

458 I.16-17. VENTA

Close, **305.8.**

459 I.18. REBAÑOS

Comentarios de Pellicer, Clemencín; Ríos, **229.** Marasso, **083,** p. 58-65. Aubrun, **454. 373.3,** p. 42-46.
.1 Selig, Karl-Ludwig, «The battle of the sheep», *RHM*, 38: 64-72 (1974-75).

460 I.19. ENCAMISADOS

.1 Sarmiento, Edward [y], Cary-Elwes, Columba, «A note to Don Quixote's adventure with the men in white», *BHS*, 32: 125-129 (1955).
.2 Rodríguez Marín, Francisco, «El Caballero de la Triste Figura y el de los Espejos», *EC*, p. 373-379.
—cf. **013.9,** Apéndice 16.

461 I.20. BATANES

.1 González Muela, Joaquín, «La aventura de los batanes», *Insula*, a. 18, n. 204, suplemento (1963).

462 I.21. YELMO DE MAMBRINO

.1 Weber de Kurlat, Frida, «El arte cervantino en [I.21]...», *Studia hispanica in honorem R. Lapesa*, Madrid: Gredos, 1972, I, p. 571-586.

463   I.22.   GALEOTES

.1   Alfaro, Gustavo A., «Cervantes y la novela picaresca», *AC*, 10: 23-31 (1971).

.2   Benardete, M. J., «Los galeotes (I.22, 23, 25, 29)», *RHM*, homenaje del Río, 31: 57-70 (1965).

.3   Browne, James R., «Cervantes and the *galeotes* episode», *Hispania*, 41: 460-464 (1958).

.4   —«Recognition and the *galeotes* episode», *Hispania*, 42: 42-45 (1959).

.5   Guillén, Claudio, «Luis Sánchez, Ginés de Pasamonte y los inventores del género picaresco», *HRM*, I, p. 227-231.

.6   Green, Otis H., «Don Quijote and the *alcahuete*», p. 109-116, *Estudios dedicados a James Homer Herriott*, Univ. of Wisconsin, 1966. —p. 193-200, *The literary mind...*, **403.**

.7   Rodríguez Marín, Francisco, «El capítulo de los galeotes» (1912), *EC*, p. 139-152.

.8   Salillas, Rafael, «La criminalidad y la penalidad en el *Quijote*», *AMC* (1905), p. 85-118.

.9   Sánchez y Escribano, Federico, «Un tema erasmiano en el *Quijote*», *RHM*, 19: 88-93 (1953).

.10   Achleitner, Alois, «Pasamonte», *AC*, 2: 365-367 (1952).

464   I.23-26.   EN SIERRA MORENA

Murillo, **116,** p. 131-139; **151.3.**

.1   Frattoni, Oreste, «Idilio y realidad en Sierra Morena», *Boletín de literaturas hispánicas* (Rosario: Universidad Nacional del Litoral), n. 5: 59-82 (1963).

.2   Livermore, Harold V., «El caballero salvaje», *RFE*, 34: 166-183, 1950.

.3   Pabst, Walter, «Die Selbstbestrafung auf dem Stein», p. 33-49, *Der Vergleich*, Literatur-und Sprachwissenschaftliche Interpretationen, Festgabe für Hellmuth

Petriconi, hg. R. Grossmann, et al., Hamburger Romanistische Studien, Reihe A, Band 42, Hamburg, 1955.

.4 Riley, Edward C., «Don Quixote and the imitation of models», *BHS*, 31: 3-16 (1954).

.5 Salinas, Pedro, «La mejor carta de amores de la literatura española», p. 115-131, *Ensayos de literatura hispánica*, Madrid: Aguilar, 3.ª ed., 1967.

.6 Avalle-Arce, Juan Bautista, «Don Quijote, o la vida como obra de arte», p. 335-387, *Nuevos deslindes cervantinos. V.* **440.**

465 'NOVELAS INTERPOLADAS': ESTUDIOS GENERALES

072, 084, etc.

.1 Ayala, Francisco, «Nota sobre la creación del *Quijote*», *CuadA*, 35, n. 5: 194-206 (1947).

.2 Balbín Lucas, Rafael de, «Lo trágico y lo cómico mezclado, nota... (I.35)», *HCM*, II, p. 311-320.

.3 Casella, Mario, *Cervantes, il Chisciotte*, I, p. 95-162, Firenze: F. Le Monnier, 1938.

.4 Dudley, Edward, «Don Quijote as Magus: the rhetoric of interpolation», *BHS*, 49: 355-368 (1972).

.5 Ford, J. D. M., «Plot, tale, and episode in *Don Quixote*», p. 311-323, *Mélanges..., offerts à M. Alfred Jeanroy*, París: Éditions E. Droz, 1928.

.6 Gaos, Vicente, «El *Quijote* y las novelas interpoladas», p. 181-192, I, *Claves de literatura española*, Madrid: Ediciones Guadarrama, 1971.

.7 Immerwahr, Raymond L., «Structural symmetry in the episodic narratives of *Don Quijote*, Part One», *CL*, 10: 121-135 (1958). —*DQFK*, p. 450-475.

.8 Márquez Villanueva, Francisco, «Amantes en Sierra Morena», p. 15-75, *Personajes y temas del Quijote*, Madrid: Taurus, 1975.

466   CARDENIO

Menéndez Pidal, **087**; Chevalier, **161**, p. 459.

.1   Dudley, Edward, «The Wild Man goes baroque», p. 115-139, *The Wild Man Within*, ed. Edward Dudley and Maximillian E. Novak, Univ. of Pittsburgh Press, 1972.

467   DOROTEA

Gilman, **115**.

.1   Kossoff, A. David, «El pie desnudo: Cervantes y Lope», p. 381-386, *Homenaje a Wm. Fichter*, Madrid: Castalia, 1971.

.2   Márquez Villanueva, Francisco, «Dorotea, la muchacha de Osuna», *Archivo Hispalense*, 2.ª ép., n. 141-146: 147-163 (1967).

468   I.30-31.

.1   Barrick, Mac E., «Sancho's trip to El Toboso, a possible source», *MLN*, 81: 222-225 (1966).

469   I.32...46.   EN LA VENTA

.1   Durán, Manuel, *La ambigüedad en el Quijote*, p. 184 y ss., Xalapa: Universidad Veracruzana, 1960.

470   I.33-35.   NOVELA DEL CURIOSO IMPERTI-NENTE**

Castro, **072**; Ayala, **084**; Casalduero, **090**; Unamuno, **288**; Rosales, **296**, etc.

.1   Hahn, Juergen, «*El curioso impertinente* and Don Quijote's symbolic struggle against *Curiositas*», *BHS*, 49: 128-140 (1972).

.2 Sieber, Harry, «On Juan Huarte de San Juan and Anselmo's *Locura* in...», *RHM*, 36: 1-8 (1970-71).

.3 Pierce, Frank, Introd. y notas, *Two Cervantes short novels: «El curioso impertinente»* and *«El celoso extremeño»*, Oxford: Pergamon Press, 1970.

.4 Ayala, Francisco, Introd., *Miguel de Cervantes: «El curioso impertinente»*, ed. Anaya, Salamanca-Madrid, 1967.

.5 —«Los dos amigos», *RdO*, 2.ª ép., a. 3, n. 30: 287-306 (1965).
   —*Cervantes y Quevedo*, p. 143-177, Barcelona: Seix Barral, 1974.

.6 Casalduero, Joaquín, «'El curioso impertinente' en el *Quijote* de 1605», «La lectura de 'El curioso impertinente'», [*HRM*, I, p. 83-90], p. 99-112, *Estudios de literatura española*, Madrid: G-BRH, 2.ª ed., 1967.

.7 Pérez de la Dehesa, Rafael, «'El curioso impertinente', episodio de una crisis cultural», *Asomante:* 20, n. 2: 28-53 (1964).

.8 Avalle-Arce, Juan Bautista, «'El curioso' y 'el capitán», p. 121-161. —p. 117-152, *Nuevos deslindes cervantinos. V.* **440.**

.9 —«El cuento de los dos amigos», p. 163-235, *Deslindes cervantinos*, Madrid: Edhigar, 1961. —*NRFH*, 11: 1-35 (1957).
   —p. 153-211, *Nuevos deslindes cervantinos.*

.10 Wardropper, Bruce W., «The pertinence of 'El curioso impertinente'», *PMLA*, 72: 587-600 (1957).

.11 Cirot, Georges, «Gloses sur les 'maris jaloux' de Cervantès», *BulHisp*, 31: 1-74, 339-346 (1929); 42: 303-306 (1940).

.12 Schevill, Rudolf, «A note on 'El curioso impertinente'», *RHisp*, 22: 447-453 (1910).

471 I.37-38.   DISCURSO DE LAS ARMAS Y DE LAS LETRAS

Notas de Schevill, Clemencín, Cortejón; Castro, **060.**

.1 Ricken, Ulrich, «Bemerkungen zum Thema» '*Las armas y las letras*'», *BzRPh*, 76-83, Sonderheft, 1967.
.2 Rodríguez-Marín, Francisco, «Glosa del discurso de las armas y las letras...» (1915), *EC*, p. 365-372.
.3 Son escasos los datos que aporta la tesis (inédita) de Pelayo, Emily Reitz, «Cervantes y la polémica de...», Univ. of Florida, 1972.
.4 Pelorson, J. M., «Le discours des armes et des 'lettres' et l'épisode de Barataria», *Les Langues Néo-latines*, 69, n. 1-2: 40-58 (1975).

472 I.39-41. RELATO DEL CAPITAN CAUTIVO

Castro, **060**; Ayala, **084**; Murillo, **116.**

.1 Oliver Asín, Jaime, *La hija de Agi Morato en la obra de Cervantes*, Madrid: [S. Aguirre, impresor], 1948. 101p. —*BRAE*, 27: 245-333 (1947-8).
.2 Zamora Vicente, Alonso, «El cautiverio en la obra de Cervantes», *HCM*, II, p. 237-256.
.3 Mas, Albert, *Les turcs dans la littérature espagnole du Siècle d'Or*, I, p. 287-(371-374*)-383, París: Centre de recherches hispaniques, Institut d'études hispaniques [1967].
.4 Selig, Karl-Ludwig, «Cervantes: '*En un lugar de...*'», *MLN*, 86: 266-268 (1971).
.5 Márquez Villanueva, Francisco, «Leandra, Zoraida y sus fuentes franco-italianas», p. 77-146, **465.8.**

473 I.47-48. CRITICA LITERARIA: LIBROS DE CA-BALLERIAS Y COMEDIA NUEVA

Morínigo, **068**; Canavaggio, **107**; Riley, **108**, *SC*, p. 310-322.

.1 Forcione, Alban K., *Cervantes, Aristotle, and the «Persiles»*, c. 3, Princeton Univ. Press, 1970.

.2 Murillo, Luis Andrés, «Don Quijote, *nuevo* caballero», p. 91-102, *Estudios de literatura española ofrecidos a Marcos A. Morínigo*, Madrid, Insula, 1971.

.3 Wardropper, Bruce W., «Cervantes' theory of the drama», *MPh*, 52: 217-221 (1955).

474 I.49-52.

.1 Castro, Américo, **073,** p. 22-31: sobre los falsos cronicones de moriscos.

EPISODIOS, SEGUNDA PARTE

E. Imaz, México-Buenos Aires: Fondo de Cultura Económica, 1950.

—«Die Verzauberte Dulcinea», *Deutsche Vierteljahrs-schrift für Literaturwissenschaft und Geistesgeschichte*, 25: 294-316 (1951).

—«The enchanted Dulcinea», c. 14, *Mimesis, the representation of reality in western literature*, trad. Willard R. Trask, Princeton Univ. Press, 1953. —*CEN*, p. 98-122.

Sobre Auerbach:

.2 Paoli, Roberto, «Auerbach e Dulcinea», *Il Bimestre*, a. 1, n. 5: 2-8 (Nov.-Dic. 1969). *V. AC*, 11: 320 (1972).

.3 Rodríguez-Luis, **433.**

478 II.11. CARRETA DE 'LAS CORTES DE LA MUERTE'

.1 Díaz-Plaja, Guillermo, p. 97-105, *Cuestión de límites*, **141.**

.2 Mades, Leonard, «El Auto de 'Las Cortes de la Muerte' mencionado en el *Quijote*», *RHM*, 34, homenaje Onís, I: 338-343 (1968). [Sobre las fuentes.]

.3 Gitlitz, David, «La ruta alegórica del segundo *Quijote*», *RF*, 84: 108-117 (1972).

479 II.12-15. CABALLERO DE LOS ESPEJOS

.1 Marasso, **083,** p. 111-119.

.2 RM, *EC*, p. 378-379.

.3 Ullman, Pierre L., «An emblematic interpretation of Sansón Carrasco's disguises», *EHH*, p. 223-238.

480 II.16, 18. CABALLERO DEL VERDE GABAN

Castro, **072,** p. 317.

Bataillon, *Erasmo y España*, **176,** p. 792-795.

.1 —«Exégesis esotérica y análisis de intenciones del *Quijote*», *BzRPh*: 22-26, 102, Sonderheft, 1967.

.2 Hatzfeld, Helmut A., «Una explicación de texto...», p. 259-274, *Homenaje*, estudios de filología e historia literaria... del Instituto de estudios hispánicos... de la Universidad estatal de Utrecht, La Haya, 1966. —p. 366-381, *Estudios de literaturas románicas*, **322.3.**

.3 Martínez Ruiz, José, «Azorín», «Don Quijote en casa del Caballero del Verde Gabán (1905)», *AMC*, p. 292-297. —*Lecturas españolas*, p. 49-55, Madrid: 1912.

.4 Revest y Corzo, Luis, «El Caballero del Verde Gabán», p. 193-202, *Semana cervantina, V*. **192.1.**

.5 Sánchez, Alberto, «El Caballero del Verde Gabán», *AC*, 9: 169-201 (1961-2).

.6 Márquez Villanueva, Francisco, «El Caballero del Verde Gabán y su reino de paradoja», p. 147-227, **465.8.**

481 II.17. AVENTURA DE LOS LEONES

Mann, **148**; Unamuno, **288.**

.1 Broderick, James H., [y] Dreyfus, Hubert L., «Curds and lions in *Don Quijote*», *MLQ*, 18: 100-106 (1957).

.2 Buchanan, M. A., «The glove and the lions», *EDMP*, 6: 247-258.

.3 Fredén, Gustaf, «El Caballero de los Leones», p. 33-48, *Tres ensayos cervantinos*, Madrid: Insula, 1964.

.4 Garci-Gómez, Miguel, «La tradición del león reverente: glosas para los episodios en *Mío Cid, Palmerín de Oliva, Don Quijote* y otros», *KRQ*, 19: 255-284 (1972).

482 II.19-20. BODAS DE CAMACHO

Casalduero, **090**; Hatzfeld, **393.**

.1 Sinnigen, John, «Themes and structures in the '*Bodas de Camacho*'», *MLN*, 84: 157-170 (1969).

.2 Zimic, Stanislav, «El '*engaño a los ojos*' en las '*Bodas de Camacho*'...», *Hispania*, 55: 881-886 (1972).

483 II.22-24.   CUEVA DE MONTESINOS

Marasso, **083**; Menéndez Pidal, **156**; **373.3**, c. 4.

.1 Fucilla, Joseph G., «The Cave of Montesinos», *Italica*, 19: 170-173 (1952).

.2 Lida de Malkiel, María Rosa, «Dos huellas del *Esplandián* en el *Quijote* y el *Persiles*», *Romance Philology*, 9: 156-162 (1955-6).

.3 —en «La visión de trasmundo en las literaturas hispánicas», Apéndice a H. R. Patch, *El otro mundo en la literatura medieval*, México: Fondo de Cultura Económica, 1956, p. 422-426.

.4 Fry, Gloria M., «Symbolic action in the episode...», *Hispania*, 48: 468-474 (1965).

.5 Percas de Ponseti, Helena, «La Cueva de Montesinos», *RHM*, 34, homenaje Onís I: 376-399 (1968).
—**101**, II, p. 407-583.

.6 Labertit, André, «Estilística del testimonio apócrifo en el *Quijote*», p. 137-161, *Venezia nella letteratura spagnola e altri studi barocchi*, Università degli studi di Pisa, Facoltà di lettere e filosofia, 1973.

.7 Avalle-Arce, Juan Bautista, «Don Quijote, o la vida como obra de arte», *CuadHA*, n. 242: 247-280 (1970). *V*. **464.6**.

.8 Sieber, Harry, «Literary time in the 'Cueva de Montesinos'», *MLN*, 86: 268-273 (1971).

.9 Dunn, Peter N., «La cueva de Montesinos por fuera y por dentro», *MLN*, 88: 190-202 (1973).
—**456.5**.

484 II.25-27.   RETABLO DE MAESE PEDRO

092; **117**.

.1 Díaz-Plaja, Guillermo, «El retablo de maese Pedro», *Insula*, 18, n. 204: 1, 12 (1963).
—p. 107-114, *Cuestión de límites*, **141**.

.2 Haley, George, «The narrator in *Don Quixote*: maese Pedro's puppet show», *MLN*, 80: 145-165 (1965).

.3 Villégier, Jean, «De l'imitation au mimétisme, un avatar de Don Quichotte», *Mélanges à la mémoire de Jean Sarrailh*, II, p. 449-452, Centre de recherches de l'institut d'études hispaniques, París, 1966.

.4 Varey, J. E., *Historia de los títeres en España*, p. 232-237, Madrid: Revista de Occidente, 1957.

485 II.28, 29. AVENTURAS DEL REBUZNO Y BARCO ENCANTADO

Petriconi, **375**; Percas, **101**, II, p. 604-629.

486 II.30-31. LLEGADA AL CASTILLO DE LOS DUQUES

.1 Ayala, Francisco, «Experiencia viva y creación literaria (un problema del *Quijote*)», p. 79-103, *Experiencia e invención*, Madrid: Taurus, 1960. —p. 97-128, *Cervantes y Quevedo*, Barcelona: Seix Barral, 1974. —*La Torre*, a. 2, n. 6: 86-110 (1954).

.2 Márquez Villanueva, **396.2.**

487 II.34, 35. CACERIA DUCAL

488 II.36. OBRAS DE CARIDAD

Castro, **188**; RM, **013**, Apéndice 31.

.1 Cortines Marube, Felipe, «Las obras intensas y las obras remisas», p. 113-135, *Cervantes en Argel y sus libertadores Trinitarios*, Sevilla: Gráficas Tirvia, 1950.

.2 López Navío, José, «Sobre la frase de la duquesa, '*las obras de caridad hechas flojas y tibiamente*'», *AC*, 9: 97-112 (1961-2).

.3 Sánchez y Escribano, Federico, «De la supresión de la frase '*las obras de caridad que se hacen tibia y flojamente*'», *KRQ*, 14: 71-87 (1967).

489 II.36-41.   AVENTURA DE LA CONDESA TRIFALDI Y CLAVILEÑO

.1 Aebischer, Paul, «Paléozoologie de l'*Equus Clavileñus*, Cervant», *Études de Lettres*, série 2, 6: 93-130 (1962).
.2 Brantley, Franklin O., «Sancho's ascent into the spheres», *Hispania*, 53: 37-45 (1970).
.3 Gillet, Joseph E., «Clavileño: su fuente directa y sus orígenes primitivos», *AC*, 6: 251-255 (1957).
.4 González, Emilio, «La Dueña Dolorida del *Quijote* y la Emperatriz de Constantinopla», *NRFH*, 9: 35-37 (1955).
.5 Henry, Albert, «L'ascendance littéraire de Clavileño», *Romania*, 90: 242-257 (1969).
.6 Schevill, Rudolph, «El episodio de Clavileño», *Estudios eruditos «in memoriam» de Adolfo Bonilla y San Martín*, I, p. 115-125, Madrid: Universidad Central, 1927.

490 II.42, 43.   CONSEJOS DADOS A SANCHO[abc]

.1 Se han citado como fuentes:
Parénesis o exhortación a la virtud de Isócrates (versiones de Diego Gracián y Pero Mexía), Castro, **060,** p. 353-355.
El perfecto regidor (Salamanca, 1586) de Juan de Castilla y Aguayo (Schevill).
Galateo español (Barcelona, 1593) de Lucas Gracián Dantisco (Schevill).
Galateo de Giovanni della Casa (trad. castellana de 1585).
Política para corregidores (Madrid, 1597) de Jerónimo Castillo de Bobadilla[b].

Instrucción política y práctica judicial de Alonso de Villadiego (Madrid, 1612)[b].

El consejo y consejeros del príncipe (Anvers, 1559) de Fadrique Furió Ceriol (Bleznick).

.2 Bleznick, Donald W., «Don Quijote's advice to Governor Sancho Panza», *Hispania*, 40: 62-65 (1957).

491 II.31...57. 'DUEÑAS Y DONCELLAS'— DOÑA RODRIGUEZ Y ALTISIDORA

Doña Rodríguez

.1 Herdman Marianella, Conchita, «A study of the '*Doña Rodríguez*' episode... as part of the larger theme of *Dueñas* and *Doncellas*», tesis inédita, Univ. of California, Berkeley, 1973.

.2 RM, **013,** Apéndice 32.

.3 Arco y Garay, **190,** p. 441 y ss.

Altisidora

432; 373.3: 73-78.

.1 Marasso, **083,** p. 164-170.

492 II.45...53. SANCHO GOBERNADOR DE BARATARIA

.1 Las tres sentencias de Sancho tienen fuentes folklóricas; cada una está basada en un cuento o tema de larga tradición oral-narrativa de distintos pueblos[ab], **448.2:** 78-80. Se han señalado como antecedentes: (1) para *el juicio del báculo* (Motif-Index J1161.4), una versión inserta en la *Legenda Aurea* (San Nicolás de Bari) de Jacobo de Voragine (siglo XIII) (Bowle, Pitollet), y también en el *Libro de los enxemplos*

(n. 165), compilado por Clemente Sánchez de Vercial (siglo xv)[ab]; (2) para *el juicio de la mujer esforzada y no forzada* (Motif-Index J1174.3), un cuento que aparece en la obra de fray Francisco de Osuna, *Norte de los estados* (1531) (Pellicer[bf]). Las mañas de los sastres es asunto de muchos cuentos populares, proverbios y refranes (cf. Motif-Index X200 y ss.).

.2 Pitollet, Camille, «Sur un jugement rendu par Sancho Panza dans son île», *BullHisp*, 39: 105-119 (1937).

.3 Andrea, Peter Frank de, «El 'gobierno de la ínsula Barataria', *Speculum Principis* cervantino», *Filosofía y Letras*, 13, n. 26: 241-257 (1947).

.4 Sckommodau, Hans, «Insula: zu einem Abenteuer Sancho Panzas», *Die neueren Sprachen*, serie 2, 13: 512-525 (1964).

.5 —«Die *Insula Barataria*, die *Insola Firme* und das Schloss Chambord», *BzRPh:* 92-104, Sonderheft, 1967.

.6 Silverman, Joseph H., «Sancho Panza y su secretario», *Tribuna Israelita* (México), 31, n. 319: 38-42 (1975). —*Insula*, a. 31, n. 351, p. 5 (Feb. 1976).

.7 Pelorson, **471.4.**

493 II.54, 55, 63, 65. RICOTE Y MORISCOS

Castro, **060,** p. 292 y ss., **073, 183.**

.1 González Palencia, Angel, «Cervantes y los moriscos», *BRAE*, 27: 107-122 (1947-8).

.2 Fredén, Gustaf, «Cervantes y los moriscos», p. 7-31, *Tres ensayos cervantinos*, Madrid: Insula, 1964.

.3 Lloréns Castillo, Vicente, «Un episodio del *Quijote*, la aventura de la hermosa morisca», *Revista de América*, 7, n. 19: 25-32 (1946).

.4 —«Historia y ficción en el *Quijote*», p. 143-165, *Literatura, historia, política*, Madrid: Revista de Occidente, 1967.

.5 Oliver, Antonio, «El morisco Ricote», *AC*, 5: 249-255 (1955-6).

.6 Ramírez-Araujo, Alejandro, «El morisco Ricote y la libertad de conciencia», *HR*, 24: 278-289 (1956).

.7 Selig, Karl-Ludwig, «Cervantes and the moriscos», *Library Chronicle*, Univ. of Texas, 3: 90-99 (1948).

.8 «The Ricote episode in *Don Quixote*: observations on literary refractions», *RHM*, 38: 73-77 (1974-75).

.9 Márquez Villanueva, Francisco, «El morisco Ricote o la hispana razón de estado», p. 229-335, **465.8.**

494 II.58. IMAGENES; FINGIDA ARCADIA

Catalán, **299.8** (sobre Unamuno).

.1 Sarmiento, Edward, «Don Quixote and the holy images», *Dublin Review*, 44: 38-47 (1947).

495 II.59. LA VENTA

.1 Blecua, Luis Alberto, «'*A su albedrío y sin orden alguna*', nota al *Quijote*», *BRAE*, 47: 511-520 (1967).

Sobre el *Quijote apócrifo*, **214.**

496 II.60. ROQUE GUINART

.1 Soler y Teròl, Lluís M.ª, *Perot Roca Guinarda, histò-riá d'aquest bandoler*, Manrèsa: Imp. de Sant Josep, 1909. 476p.

.2 Riber, Lorenzo, «Al margen de un capítulo de *Don Quijote*», *BRAE*, 27: 79-90 (1947-8).

.3 Riquer, **078,** p. 158 y ss.

.4 Manegat, **497.2,** c. 11.

497 II.61-65, 72. EN BARCELONA (CERVANTES
Y BARCELONA)

.1 Givanel y Mas, Juan, *Don Quijote en Cataluña*, II,
comentarios al c. 61... Madrid-Barcelona: Tip. Ba-
yer hermanos, 1911, 57p. —ed. Cortejón, **012.6.**
.2 Manegat, Luis G., *La Barcelona de Cervantes*, Barcelona: Plaza & Janés, 1964. 235p.
.3 Montaner, Joaquín, *Cervantes y Barcelona*, Ayuntamiento de Barcelona, 1953. 61p.
.4 Montoliu, Manuel de, *Cervantes y Barcelona*, Barcelona: Junta local del IV centenario de Cervantes,
1948. 16p.
.5 Suñé Benages, Juan, *Elogios de Cervantes a Barcelona* (II.72), Ayuntamiento de Barcelona, 1927. 77p.

498 II.64.   COMBATE CON EL CABALLERO DE LA
BLANCA LUNA

Heine, **266.**

499 II.66-73.   REGRESO A LA ALDEA

500 II.74. MUERTE DE ALONSO QUIJANO

.1 Duvivier, Roger, «La mort de don Quichotte et l'*Histoire de la folie*» [de Michel Foucault, 1961], *Marche Romane*, 20: 69-83 (1970).

.2 Rubens, Erwin Félix, «Consideraciones sobre la muerte de don Quijote», *El Caracol, Revista de Letras, Arte, Filosofía* (La Plata-Buenos Aires), I, n. 1: 3-9 (Sept. 1958).

.3 Green, Otis, H., «Melancholy and death in Cervantes», p. 49-55, *Hispanic studies in honor of Nicholson B. Adams*, V. **151.2.** —cf. **445.2,** p. 75 y ss.

.4 Spitzer, Leo, «Thomas Mann y la muerte de don Quijote», *RFH*, 2: 46-48 (1940). *V*. **148.**

.5 Guillén, Jorge, «Vida y muerte de Alonso Quijano», *RF*, 64: 102-113 (1952).

.6 Borges, Jorge Luis, «Análisis del último capítulo del *Quijote*», *RUBA*, 5.ª ép., 1: 28-36 (1956). —*DQFK*, p. 264-275.

.7 —«Nota sobre el *Quijote*», *Realidad*, a. 1, 2: 234-236 (1947).

INDICE DE AUTORES CITADOS

PORTADAS FACSÍMILES
(reducidas)

de las primeras ediciones del

QUIJOTE,

de otras españolas del siglo XVIII
y traducciones

EL INGENIOSO
HIDALGO DON QVI-
XOTE DE LA MANCHA,

Compuesto por Miguel de Ceruantes
Saauedra.

DIRIGIDO AL DVQVE DE BEIAR,
Marques de Gibraleon, Conde de Benalcaçar, y Bañares, Vizconde de la Puebla de Alcozer, Señor de
las villas de Capilla, Curiel, y
Burguillos.

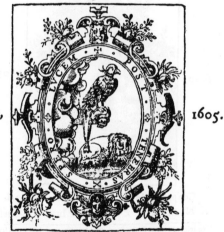

Año,   1605.

CON PRIVILEGIO,
EN MADRID, Por Iuan de la Cuesta.

Vendese en casa de Francisco de Robles, librero del Rey nro señor.

EL INGENIOSO
HIDALGO DON QVI-
XOTE DE LA MANCHA.

*Compuesto por Miguel de Ceruantes
Saauedra.*

DIRIGIDO AL DVQVE DE BEIAR,
Marques de Gibraleon, Conde de Barcelona, y Bañares, Vizconde de la Puebla de Alcozer, Señor de
las villas de Capilla, Curiel, y
Burgillos.

Año, 1605

Con priuilegio de Castilla, Aragon, y Portugal.
EN MADRID, Por Iuan de la Cuesta.

Vendese en casa de Francisco de Robles, librero del Rey nro señor.

EL INGENIOSO
HIDALGO DON
QVIXOTE DE LA
Mancha.

Palibraria do farmo de S.

Compuesto por Miguel de Ceruantes
Saauedra. *Calle 9 n.º 25*

tra

EM LISBOA.

Impresso com lisença do Santo Officio por Iorge
Rodriguez. Anno de 1605.

EL INGENIOSO
HIDALGO DON
QVIXOTE DE LA
Mancha.

Compuesto por Miguel de Cervantes
saauedra.

EM LISBOA.

Impresso com lisença do santo Officio por Jorge
Rodriguez. Anno de 1605.

EL INGENIO

SO HIDALGO DON
QVIXOTE DE LA
MANCHA.

Compuesto por Miguel de Cer
uantes Saauedra.

Con licencia de la S. Inquisicion.

EN LISBOA:
Impresso por Pedro Crasbeeck.
Año M. DCV.

EL INGENI.OSO
HIDALGO DON QVI-
xote de la Mancha.

Compuesto por Miguel de Ceruantes
Saauedra.

DIRIGIDO AL DVQVE DE
Bejar, Marques de Gibraleon, Conde de Benalcaçar, y
Bañares, Vizconde de la Puebla de Alcozer, Señor
de las villas de Capilla, Curiel,
y Burguillos.

Impresso con licencia, en Valencia, en casa de
Pedro Patricio Mey, 1 6 o 5.

A costa de Iusepe Ferrer mercader de libros,
delante la Diputacion.

EL INGENIOSO.

HIDALGO DON QVI-

xote de la Mancha. 444213

Compuesto por Miguel de Ceruantes
Saauedra.

DIRIGIDO AL DVQVE DE
Bejar, Marques de Gibraleon, Conde de Benalcaçar, y
Bañares, Vizconde de la Puebla de Alcozer, Señor
de las villas de Capilla, Curiel,
y Burguillos.

Impresso con licencia, en Valencia, en casa de
Pedro Patricio Mey, 1605.

A costa de Iusepe Ferrer mercader de libros,
delante la Diputacion.

SEGVNDA PARTE
DEL INGENIOSO
CAVALLERO DON
QVIXOTE DE LA
MANCHA.

Por Miguel de Ceruantes Saauedra, autor de su primera parte.

Dirigida a don Pedro Fernandez de Castro, Conde de Lemos, de Andrade, y de Villalua, Marques de Sarria, Gentil-
hombre de la Camara de su Magestad, Comendador de la
Encomienda de Peñafiel, y la Zarça de la Orden de Al-
cantara, Virrey, Gouernador, y Capitan General
del Reyno de Napoles, y Presidente del su-
premo Consejo de Italia.

Año   1615

CON PRIVILEGIO,

En Madrid, *Por Iuan de la Cuesta.*

yendese en casa de Francisco de Robles, librero del Rey N. S.

EL INGENIOSO

HIDALGO DON QVIXOTE
de la Mancha

Compuesto por Miguel Ceruantes
Saanedra

DIRIGIDO L DVQVE DE
Bejar, Marques de Gibraleon, Conde de Benalcaçar,
y Bañares, Vizconde de la Puebla de Alcozer,
Señor de las villas de Capilla, Curiel,
y Burguillos

Año   1617.

Impreso con licencia, en Barcelona, en casa de
Bautista Sorita, en la Libreria.

A costa de Iuan Simon, mercader de libros.

VIDA Y HECHOS

Del Ingenioſo Cavallero

DON QUIXOTE

DE LA MANCHA,

COMPUESTA

Por Miguel de Cervantes Saavedra.

PARTE PRIMERA.

Nueva Edicion, coregida y iluſtrada con differen-
tes Eſtampas muy donoſas , y apropriadas
à la materia.

TENEBRAS SPERO

EN BRUSELAS,

De la Emprenta de Juan Mommarte, Im-
preſor jurado. Año 1662.

Con *Licencia y Privilegio.*

EL INGENIOSO HIDALGO
DON QUIXOTE
DE LA MANCHA

COMPUESTO

POR MIGUEL DE CERVÁNTES SAAVEDRA.

NUEVA EDICION

CORREGIDA

POR LA REAL ACADEMIA ESPAÑOLA.

PARTE PRIMERA.

TOMO I.

CON SUPERIOR PERMISO:

EN MADRID

POR DON JOAQUIN IBARRA IMPRESOR DE CÁMARA DE S. M.

Y DE LA REAL ACADEMIA.

MDCCLXXX.

EL INGENIOSO HIDALGO

DON QUIXOTE DE LA MANCHA

COMPUESTO

POR MIGUEL DE CERVANTES SAAVEDRA.

NUEVA EDICION

*CORREGIDA DENUEVO, CON NUEVAS NOTAS, CON NUEVAS
ESTAMPAS, CON NUEVO ANALISIS, Y CON LA VIDA DE
EL AUTOR NUEVAMENTE AUMENTADA*

POR D. JUAN ANTONIO PELLICER
BIBLIOTECARIO DE S. M. Y ACADEMICO DE NUMERO DE LA
REAL ACADEMIA DE LA HISTORIA.

PARTE PRIMERA.

TOMO I.

EN MADRID
POR D. GABRIEL DE SANCHA
AÑO DE MDCCLXXXXVII.

EL INGENIOSO HIDALGO

DON QUIXOTE

DE LA MANCHA,

COMPUESTO

POR MIGUEL DE CERVANTES SAAVEDRA.

TOMO I.

CON SUPERIOR PERMISO.

MADRID EN LA IMPRENTA REAL

MDCCXCVII.

L'Ingenievx
DON
QVIXOTE
DE LA MANCHE

COMPOSE' PAR MICHEL DE
CERVANTES,

TRADVIT FIDELLEMENT
d'Espagnol en François,
ET
Dedié au ROY

Par Cesar Ovdin, Secretaire Interprete de
sa Majesté, és langues Germanique, Italienne,
& Espagnole: & Secret. ordinaire de Mon-
seigneur le Prince de Condé.

A PARIS.
Chez Iean Foüet, ruë sainct
Iacques au Rosier.
M. D. C. XIV.
Auec Priuilege de

HISTORIA

DEL FAMOSO CAVALLERO,

DON QUIXOTE DE LA MANCHA.

POR

MIGUEL DE CERVANTES SAAVEDRA.

PRIMERA PARTE. PRIMERO TOMO.

En LONDRES: Se hallarán en las Librerias de B. White, P. Elmsley, T. y T. Payne, y J. Robson. M.DCC.LXXXI.

SE TERMINÓ DE IMPRIMIR EN LOS
TALLERES VALENCIANOS DE
ARTES GRÁFICAS SOLER, S. A.
EL DÍA «23 DE ABRIL DE 1978,
ANIVERSARIO DE LA MUERTE DE
MIGUEL DE CERVANTES»